의사 아빠가 자녀에게 보내는 편지

인생의 문을 여는 열쇠

Original Japanese title: ISHA NO CHICHI GA MUSUKO NI TUZURU JINSEI NO
TOBIRA WO HIRAKU KAGI
by Yujiro Nakayama
Copyright ⓒ 2024 Yujiro Nakayama
Original Japanese edition published by Asamasha, Inc.
Korean translation rights arranged with Asamasha, Inc.
through The English Agency (Japan) Ltd. and Danny Hong Agency

Korean translation copyright ⓒ 2026 by Sung An Dang, Inc.

의사 아빠가 자녀에게 보내는 편지

인생의 문을 여는 열쇠

나카야마 유지로 지음
김선숙 옮김

BM (주)도서출판 성안당

인생에는 반드시 넘어야 할 수많은 문턱이 있습니다. 도저히 넘을 수 없는 벽 앞에 서게 되는 때가 있는가 하면, 눈에 띄게 성장하고 있음을 온몸으로 느낄 때도 있습니다. 어쩔 수 없는 상황 앞에서 그저 멈춰 서야만 하는 날도 있고, 소중한 사람을 잃고 깊은 슬픔에 잠기는 날도 있습니다.

이렇듯 우리는 다양한 국면을 지나며 비로소 어른이 되어갑니다. 한 단계를 마치고 다음 단계로 나아가는 그 길목에는 언제나 마주하게 되는 문이 있습니다.

그 문을 저는 '인생의 문'이라고 부릅니다.

그 문이 열릴 때, 비로소 우리는 다음 무대로 나아갈 수 있습니다. 하지만 그 문을 여는 일은 결코 쉬운 일이 아닙니다. 간절히 바랐던

학교에 가지 못해 수년간 괴로워하기도 하고, 주어진 환경에 적응하지 못해 몸부림치기도 합니다. 부모나 형제처럼 가까운 가족, 혹은 소중한 친구를 잃고 세상이 아득하게 느껴지는 나날도 있습니다.

이 책은 그런 고통스러운 인생의 국면을 지나 다음 단계로 나아가기 위한 '인생의 열쇠'에 대해 쓴 이야기입니다. 제가 왜 그런 '인생의 열쇠'를 이야기하려는 걸까요? 그럴 자격이 있는지 궁금하실 수도 있습니다. 그 설명을 위해 잠시 제 소개를 하겠습니다.

저는 외과 의사이자 작가입니다. 흰 가운을 입고 있을 때는 대장암 전문의로 수술을 집도하고, 컴퓨터 앞에 앉으면 작가로서 소설을 쓰거나 외과 수술 교과서를 집필합니다. 올해 마흔네 살이고, 가족으로는 아내와 이제 막 세 살과 한 살이 된 두 아들이 있습니다.

의사로서도, 작가로서도 오랜 시간 경력을 쌓아왔습니다.

외과 의사로 18년간 근무하며 영어 논문을 발표했고, 전문의 자격도 취득했습니다. 감사하게도 데뷔작 『울지마 인턴(泣くな研修医)』 시리즈는 55만 부 이상 판매되며 베스트셀러에 올랐고, TV 드라마로도 제작되었습니다. 이후 『우리는 신이 아니다』를 비롯해 여러 소설을 발표하며 꾸준히 집필 활동을 이어가고 있습니다.

하지만 여기까지의 여정이 순탄치만은 않았습니다.

고등학교를 졸업하고 삼수를 한 끝에 겨우 의과대학에 입학할 수 있었습니다. 하지만 그곳에서도 친구들과의 관계가 원만치 않았고,

의학 공부를 하는 데도 많은 어려움이 따랐습니다. 의대를 졸업한 후에는 2년간 병원 내 기숙사에 살면서 밤낮없이 일해야만 했고, 그 후 부임한 후쿠시마현 소재 병원에서는 인간관계로 많은 어려움을 겪었습니다.

매우 안타까운 일이지만, 이 모든 것은 결국 제가 뿌린 씨앗에서 비롯된 결과였고, 그 책임은 온전히 제게 있었습니다.

이 책은, 제가 겪어온 수많은 실패 과정과 경험들 속에서 지금이라면 이렇게 했을 텐데 싶은 순간들을 되짚으며, 교훈까진 아니더라도 누군가에게는 작은 배움이 될 만한 이야기를 담았습니다.

'우연한 승리는 있어도 우연한 패배는 없다'는 말이 있습니다. 서점에 가면 성공한 이들의 성공 비결을 다룬 책이 즐비합니다. 이 책은 성공 이야기를 다룬 글이 아닙니다. 저, 나카야마 유지로가 마흔네 살이 될 때까지 겪은 수많은 실패와 좌절, 그리고 그 안에서 배운 것들을 솔직하게 써 내려간 글입니다.

집필에 앞서, 저는 이미 두 권의 책을 함께 만들었던 같은 연배의 편집자 사카구치 씨와 한 가지 약속을 했습니다. 자녀에게 읽히고 싶은 책을 만들자고요. 무언가를 가르치려 들거나 생각을 강요하기보다는, 꼭 전하고 싶은 핵심 메시지에 초점을 맞추자는 데 뜻을 모았습니다.

'아이들에게 물고기를 잡아주기보다는 물고기 잡는 법을 가르쳐주라'는 말이 있습니다. 이 책은 바로 그 말처럼 순간을 모면하기 위한 요령이나 임시방편이 아니라 본질적이고 오래도록 통하는 지혜를 전하고자 했습니다.

구성은 이렇습니다.
- 저, 나카야마 유지로의 자전적 이야기인 '에세이'
- 그에 대응하는 형태로 쓰인 '너에게 보내는 편지'

가 총 35세트로 짝을 이루고 있습니다.

'에세이'는 가고시마현 신문인 《남일본신문》에 연재된 글입니다. 스무 살에 가고시마대학에 입학한 이후, 의대생 시절과 의사가 되어 도쿄의 한 병원에서 일한 시절, 그리고 부득이하게 후쿠시마에 있는 한 병원에 부임해 일한 시절까지의 이야기를 썼습니다. 감사하게도 에세이는 대단한 호평을 받았고, 독자로부터 매달 응원과 격려가 담긴 편지를 받았습니다. 특히 의사국가시험의 긴장감에 대해 쓴 에세이는 『베스트 에세이 2023』에 선정되기도 했습니다.

솔직히 에세이가 인기를 얻은 이유를 저도 잘 알고 있습니다. 가고시마 지역신문이니 전국 뉴스처럼 널리 알려지진 않을 것이다. 그렇다면 있었던 일을 사실대로 솔직하게 써보자, 그런 마음으로 과감하게 글을 썼습니다. 아마 그 거침없는 진실함이 독자들에게 흥미롭게 다가갔으리라 생각합니다. 그렇기에 이 에세이가 한 권의 책으로 나와, 보다 많은 독자에게 읽힐 것을 생각하면 내심 조마조마합니다.

본문 말미에 남겨놓은 '너에게 보내는 편지'는 에세이를 썼던 시절을 되짚으며 저 자신의 수많은 실패를 되돌아보고, 시대나 환경이 달라지더라도 결코 변하지 않는, 진짜 '인생의 열쇠'는 무엇일까를 고민하며 썼습니다.

글이 독단적으로 흐르지 않도록 원고를 쓸 때마다 이 책의 기획을 크라우드펀딩으로 응원해 주는 독자들의 피드백을 바탕으로 하나하나 정성껏 다듬어 완성했습니다.

이 책은 아직 세상에 대해 배우는 중인 초등학생, 가족이나 친구와의 관계로 고민하는 중학생, 거기에 진로에 대한 걱정까지 더해진 고등학생, 그리고 반쯤 사회에 발을 들여놓고 거센 파도에 휩쓸릴 듯한 불안 속에 있는 대학생을 위해 썼습니다.

그리고 그런 자녀들을 둔 부모님을 대신해 꼭 전하고 싶은 말을 담아낸 글이기도 합니다. 먼저 부모님께서 읽어보시고 '이 책, 참 괜찮다'고 느껴지신다면, "좀 별난 사람이 쓴 이야기인데 재미있더라"라는 가벼운 한마디와 함께 자녀에게 건네주시길 바랍니다. 부모가 직접 말하면 "또 잔소리야" 하며 흘려들어도, 잘 모르는 사람이 쓴 글이라면 "음, 그런가?" 하고 뜻밖에 귀 기울이게 되는 일도 있으니까요.

이 글을 쓰는 동안 이런 생각이 들었습니다.

이 책은 아들에게 쓴 편지이자, 나의 유서라고. 이 말들만 온전히 전해진다면, 더는 바랄 것이 없겠다고. 조금 과장처럼 들릴지 몰라도, 저는 그런 각오로 이 책을 써 내려갔습니다.

끝으로, 이 책을 읽게 될 젊은 여러분께 꼭 당부하고 싶은 게 있습니다. '인생의 열쇠'를 담은 이 책은 어디까지나 '열쇠'일 뿐입니다. 우리가 할 수 있는 일은 이 열쇠를 당신 손에 건네주는 일까지입니다.

그 열쇠를 직접 열쇠 구멍에 꽂고, 문을 열고, 다음 장으로 나아가는 일, 그것은 오직 당신의 몫입니다. 부디, 용기를 내어 조용히 한 발을 내디뎌보시길 바랍니다. 우리는 언제나 이 자리에서, 여러분의 행복을 마음 깊이 응원하겠습니다.

2024년 5월 8일
어질러진 자택 거실 테이블에서

PART 1

세상에 하나뿐인
너에게

의대생의 고뇌

인생의
문을 여는
열쇠

하고 싶은 일은
찾았니?

:: 재수 삼수 끝에 가고시마대학으로

2000년 3월, 가고시마 공항에 내렸다.

고등학교를 졸업한 뒤 2년간 수험 생활을 한 나는, 야윈 몸에 어울리지 않는 정장을 입고 있었다. 처음 발을 디딘 공항의 벽에는 고구마 소주 포스터가 여기저기 붙어 있었다. 낯설고 어딘가 어색한 공항을 빠져나와 버스를 타고 니시가고시마역으로 향했다.

당시, 역 앞 강가에 자리한 뉴 가고시마 호텔에 묵었다. 수험생들을 응원한다며 내놓은 특별 숙박 상품이었지만, 저녁이 되자 무표정한 얼굴의 수험생들을 한 방에 모아놓고는 차가운 도시락을 건넸다.

우리는 여섯 명이 한 테이블에 앉아 묵묵히 도시락을 먹었다. 저녁 식사를 마친 뒤, 나는 호텔 맞은편에 있는 로손 편의점에서 아사히 슈퍼 드라이 한 병을 사 마시고는 그대로 잠에 빠져들었다.

다음 날, 택시를 타고 가고시마대학 사쿠라가오카 캠퍼스로 향했다. 캠퍼스 모퉁이에는 등나무 덩굴이 봄 햇살에 눈부시게 빛나고 있었다.

내가 이 대학에 다니게 될까. 그렇게 생각하니 가슴이 먹먹해졌다.

가고시마대학 의학부 의학과 후기 시험은 센터시험(현재의 대학입학 공통시험) 점수에 논술과 면접 점수를 더해 최종 합격자를 가리는 방식이었다. 먼저 논술시험이 있었다. 두 문제가 나왔는데, 그중 하나는 '자유와 책임에 대해 서술하라'는 것이었다. 의대 입시 문제라고 하기엔 어딘가 어울리지 않는 주제였다. 자유가 있는 곳에는 반드시 책임이 따르기 마련이다. 마찬가지로, 권리가 있는 곳에는 의무가 따라온다. 그런 식으로 어디선가 들은 듯한 말을 적어나갔다. 다른 한 문제는 기억나지 않는다.

논술에는 자신이 있었다. 입시 공부를 하는 틈틈이 신문과 잡지, 사회학자의 책 등을 읽으며, 어쨌든 사회와의 연결고리를 끊지 않고 재수, 삼수 생활을 했기 때문이다.

논술시험이 끝난 뒤, 점심시간에는 흡연실에서 담배를 피웠다. 그곳에는 또 한 사람, 긴 머리를 늘어뜨린, 누가 봐도 재수생 같은 분위기의 남자가 있었다. 우리는 서로 눈도 마주치지 않았다.

잠시 후 면접시험이 시작되었다. 강의실처럼 생긴 넓은 방에 수험생

백여 명이 차례를 기다리며 앉아 있었다. 모두 잔뜩 긴장한 얼굴로, 이름이 불리면 말없이 자리를 떴다.

면접관은 뭘 물어볼까? 최대한 '좋은 사람'으로 보이기만 하면 될까? 어떻게 해야 '믿음직하고, 의사라는 직업에 어울리는 사람'처럼 보일 수 있을까?

면접관은 당시 의학부 학장이었던 오다 히로시 교수님이었다. 교수님은 온화한 목소리로 "어떤 의사가 되고 싶은가요?", "요코하마 출신인데 왜 가고시마까지 왔어요?" 같은 질문을 건넸다.

나는 머릿속의 얕은 지혜를 총동원해 어떻게든 그럴듯한 대답을 짜내려 애썼다.

이 시험에 떨어지면 의사의 꿈은 접고, 도쿄의 한 사립대 법학부에 진학하기로 이미 마음을 정한 상태였다.

하지만 의사가 되지 않으면 도무지 살아갈 수 없을 것 같다는 생각이 들었다. 아마 다른 수험생들보다 조금 더 길게, 25분쯤 면접을 본 듯하다. 나는 열띤 목소리로 내 이야기를 쏟아냈다.

열다섯 살이던 어느 날, 신문 기사 한 편을 읽고 벼락을 맞은 듯한 충격을 받은 일부터, 그때 처음으로 의사가 되겠다고 결심했으며, 언젠가 국제적인 무대에서 일해보고 싶다고 말했다. 그리고 아버지의 고향이 가고시마라서 이곳을 택했다는 지원 동기는 조금 억지였고, 사실은 센터시험 점수가 가장 유리했던 곳이 바로 이 대학이었다는 것까지, 나는 있는 그대로 솔직하게 털어놓았다.

시험을 마친 뒤 나는 밖으로 나왔다.

등나무 덩굴 사이로 비치던 햇살이 어느새 붉은빛으로 물들어 있었다.

문득, 이곳에서 6년을 보내게 될 것 같은 예감이 들었다. 그렇게 시작된 꿈만 같은 가고시마 생활은, 지금도 저 멀리 도호쿠 지방에 있는 나를 따뜻하게 토닥이며 격려해 준다.

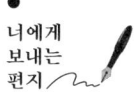

진로를 정한 날

사랑하는 너에게 이제 조금은 부끄러운 내 이야기를 꺼내 보려한다. 나는 부모님의 노력 덕분에 중학교와 고등학교를 통합하여 6년제로 운영하는 중고일관교(가나가와현에 있는 세이코가쿠인)에 입학할 수 있었다. 그런데도 중고등학교 시절 공부를 게을리한 탓에 성적은 바닥을 기었다. 전국 모의고사에서는 편차치 50, 즉 중간 정도에 머물렀다. 중학교 입시에서는 편차치 68(상위 약 3.6% 이내)로, 전국 상위 10위권에 드는 명문 학교에 들어갔는데도 말이다.

그래도 중학생 때부터 나는 앞으로 어떤 직업을 가질지, 그리고 어떤 사람이 되어야 할지를 나름대로 진지하게 고민했다. 이왕 이 세상에 태어났으니 적어도 한 분야에서 인정받는 사람이 되고 싶었다. 그리고 어느 정도는 경제적으로 안정된 직업을 갖고 싶었다.

이런 생각을 하게 된 데에는 어머니의 영향이 컸다.

어머니는 기회가 있을 때마다 이렇게 말했다.

"지금 공부 안 하면, 비 오는 날에도, 뙤약볕이 내리쬐는 무더운 날에도 참고 견디며 밖에서 일해야 할 거야."

그리고 또 이렇게 덧붙이곤 했다.

"세상에는 힘든 일을 해주는 사람이 꼭 필요해. 그 덕분에 세상이 돌아가는 거야. 하지만 그런 일을 하는 사람이 시원한 방에서

1. 하고 싶은 일은 찾았니?

정해진 시간만 일하는 사람보다 더 많은 돈을 버는 건 아니란다."

물론 어떤 일이든 다 소중하고, 직업에 귀천이란 없다는 말도 맞다. 하지만 일하는 환경이 다르고, 받게 되는 보수가 확연히 다르다. 그건 세상의 분명하고도 냉정한 현실이다. 그 사실로부터 눈을 돌려서는 안 된다고, 나는 생각한다. 어쩌면 너는 이렇게 말할지도 모른다.

"돈 같은 건 없어도 돼. 그렇게 사는 건 추해."

사실 나도, 한때는 그렇게 믿고 있었다.

그런데 어른이 되고 나서야 비로소 알게 되었다. 돈은 사치를 위한 무기가 아니라 불쾌한 일로부터 자신을 지킬 수 있는 방어 도구라는 것을. 무엇보다도, 이 방어 도구는 나뿐 아니라 내가 아끼는 사람들, 그러니까 바로 너희가 고통받거나 상처 입지 않도록 지켜주는 든든한 수단이다.

돈이라는 갑옷은 너희가 차에 치일 위험을 줄여주고, 돈이라는 투구는 머리를 다쳐 목숨을 잃을 가능성을 낮춰준다. 뜻하지 않은 폭력이나 위험한 상황에서도 너희를 지켜주며, 기침이나 인후통이 있을 때는 일을 멈추고 쉴 수 있게 해준다.

이야기가 잠시 옆길로 샜다. 다시 하던 얘기로 돌아가 보자. 나는 돈도 잘 벌고, 일도 즐겁게 할 수 있는 멋진 직업을 갖고 싶었다. 하지만 내 성적은 정말 형편없었다. 특히 수학과 과학은 손쓸 도리가 없을 정도로 약해서, 이과는 애초에 나와 맞지 않았다. 게다가 솔직히 말하면, 영어와 사회도 썩 잘하진 못해서 문과에 더 맞는다고도 할 수 없었다. 그러니 나에게 맞는 직업이 대체 무엇인지, 알 수가 없었다.

그러던 어느 날, 나는 앞서 언급한 신문 기사 한 편을 마주하게 되었다. 기사에는 동남아시아의 한 나라에서 벌어지고 있는 참혹한 현실이 담겨 있었다.

그곳에서는 소규모 부대를 조직하여 기습이나 매복 등을 통해 유격전을 벌이는 게릴라 무장 세력이 마을을 습격하는데, 그들의 목적은 약탈이나 파괴가 아니라 마을의 소년들과 소녀들이었다. 소년들은 다섯 명씩 묶여 세워지고, 그중 한 명이 지목되면 나머지 네 명이 그 친구를 죽이도록 강요당했다. 소녀들에게는 아이를 낳게 하고, 그렇게 태어난 아이는 다시 병사로 자라나 전장으로 내몰린다는 내용이었다.

나는 그 끔찍한 이야기를 읽고 마치 벼락을 맞은 듯한 충격을 받았다. 기사 내용 자체도 잔혹했지만, 나를 가장 크게 뒤흔든 건 그 소년 소녀들이 바로 내 또래였다는 사실이었다. 나는 생각했다.

'왜 저 아이들은 그 나라에 태어나서 그런 끔찍한 일을 겪어야 하는 걸까? 왜 나는 평화로운 일본, 게다가 그럭저럭 잘사는 집에서 태어나 앞으로 뭘 하며 살 것인지를 고민하는 걸까?'

이 생각은 곧 깊은 깨달음으로 이어졌다.

'그렇구나, 이 세상은 원래 불공평한 곳이구나. 사람마다 태어날

때부터 출발선이 완전히 다르구나.'

그 거대한 불공평이 마치 길을 막고 누운 굵은 통나무처럼 눈앞을 가로막고 있는 이 세상에 나는 절망했다.

하지만 내가 멍하니 앉아 있든, 울며 소리를 지르든 세상은 아무것도 변하지 않는다. 그렇다면, 나는 무슨 일을 해야 할까? 그렇다. 이 세상의 불공평을 조금이라도 줄일 수 있는 일을 하면 된다. 그럼 어떻게 해야 할까?

가만히 생각해보니, 방법은 여러 가지가 있을 것 같았다. 예를 들어, 세계에서 제일가는 부자가 되어 내전이나 분쟁이 일어나는 지역에 돈을 기부하는 방법이 있다. 하지만 돈을 준다고 해서 분쟁이 없어질 것 같지는 않았다. 단순히 돈이 아니라 영토나 권리, 나라, 믿는 종교처럼 더 큰 것을 두고 다투기 때문이다.

그렇다면 분쟁을 해결해주는 혁명가가 되는 건 어떨까도 생각했다. 하지만 나는 어떻게 해야 혁명가가 되는지, 그 방법을 모른다. 그리고 혁명가는 단명한 사람이 많아서 행복한 삶을 사는 것처럼 보이지도 않았다.

그렇게 고민을 이어가던 중, 문득 이런 생각이 떠올랐다.

내가 의사가 되어 직접 그 현장에서 다친 사람들을 치료하면 어떨까?

근본적인 해결책은 아닐지도 모르지만, 적어도 지금의 나로서는 현실적으로 실현 가능한 일이고, 무언가 의미 있는 일이 될 수 있을 것 같았다.

그리고 이 길이라면 일본에서 의사로서 경제적으로 안정된 삶도 살 수 있고, 부모님도 기뻐할 게 분명했다.

그렇게 나는 마음을 정했다. 의사가 되겠다고.

어떻게 하면 의사가 될 수 있을까

정말 의사가 될 수 있을까? 솔직히 말하자면, 나는 천재가 아니다.

학교에는 동아리를 열심히 하면서도 항상 상위 30등 안에 드는 야나기우치나 아다치 같은 아이들이 꽤 여럿 있었다. 그런 아이들과 나는 애초에 머리의 구조부터 다르다. 게다가 우리 형만 봐도 그렇다. 짧은 시간 동안 공부하는 데도 나보다 몇 배는 더 많이 외우고, 훨씬 잘 이해해 낸다. 그런 사람들과 공부로 겨뤄서 이길 수 있을까?

고등학교 1학년 때, 나는 같은 학년 210명 중에서 190등쯤 했다 (시험이 끝날 때마다 학년 전체의 등수가 공개됐다). 의사가 되려면 의대에 가야 하고, 의대에 가려면 적어도 40등 안에는 들어야 했다.

의대를 꿈꾸는 것조차 어려운 성적이었기에, 앞으로의 싸움이 결코 순탄치 않으리란 예감이 들었다. 그런데도 의사만이 입는 특별한 유니폼, 흰 가운을 걸친 내 모습을 상상하는 것만으로도 얼굴이 달아오르고, 심장이 미친 듯이 뛰었다. 아, 이것이 바로 '동경'이라는 감정이구나, 하고 생각했다.

언젠가 먼 이국땅에서 다친 사람들을 척척 치료해 주는 나의 모습을 꿈꾸곤 했다. 나는 그렇게, 이 세상의 불공평을 조금이라도 줄여나갈 거다. 물론 눈이 부시도록 새하얀 흰 가운을 입고서.

나는 가슴 깊은 곳에 그 다짐을 새겨 넣었다. 마치 조각칼로 나무판을 파내듯 '반드시 의사가 될 거야'라고 새겼다. 무슨 일이 있어도 지워지지 않도록.

그 다짐은 점점 더 또렷하고, 더 커져서 마침내 나라는 사람의 전부가 되었다. 나는 의사가 되지 않으면 살아갈 수 없을 만큼 절실하게 그 길을 원했다. 만약 의대에 합격하지 못했다면 지금 어떤 사람이 되었을지, 상상조차 할 수 없다.

이런 간절한 마음이 가고시마대학 면접시험에서 면접관들에게도 고스란히 전해졌을 거라고 나는 믿는다.

이제 마흔넷, 의사로서 18년을 살아온 지금, 내가 면접관이라면 어떤 사람에게 의대 입학을 허락하고 싶을까?

최소한, 성적은 좋아야 한다. 의대 공부는 정말 힘들기 때문에 머리가 좋든지, 아니면 머리가 좋지 않더라도 노력으로 공부를 따라갈 수 있는 능력이 반드시 필요하다. 이건 절대적인 조건이다. 성적은 좋지 않지만 좋은 사람이라든가, 열정적이라든가, 성실하다는 이유만으로는 절대로 합격시킬 수 없다.

성적이 합격선에 도달해 있다는 전제 아래서, 내가 정말로 보고 싶은 건 자신의 머리로 생각하는가, 하는 점이다. 면접 대비 도서에서 외워 온 모범답안 따위는 필요 없다.

너는 어떻게 생각하는가? 그리고 왜 그렇게 생각하는가? 그걸 자기 머리로 고민하고, 자기 말로 표현할 수 있는 사람, 나는 그런 사람이 의대에 들어왔으면 좋겠다.

지금 돌이켜보면, 가고시마대학 면접시험에서 나는 70% 정도는 내 머리로 생각한 이야기들을 한 것 같다. 누군가의 말을 흉내 내거나 외워서 꺼낸 말이 아니라 내 안에서 우러나온 진짜 말을 했기 때문에 그 마음이 면접관에게도 그대로 전해졌을 것이다.

그렇다면, 대체 어떻게 해야 자기 머리로 생각할 수 있을까? 그리고 어떻게 그런 열정을 가질 수 있을까? 그것을 나의 여러 실패담을 곁들여 이 책을 통해 너에게 전하고 싶다.

덧붙이자면, 에세이 앞부분에 나오는 '사립대 법학부'는 바로 와세다대학이었다. 논술 하나로 합격 여부가 결정되는 전형이었는데, 논술 문제는 '당신에게 20세기란 무엇인가?'라는 주제가 나왔다. 나는 시험 직전에 읽은 『나에게 있어 20세기』(가토 슈이치 저)의 내용을 거의 그대로 써냈다. 자신의 머리로는 1퍼센트도 생각하지 않은 셈이다.

2

내 노력 덕분이라고
생각하지 마라

:: 합격자 발표

논술과 면접시험을 무사히 마친 뒤, 가벼운 마음으로 차밭에 둘러
싸인 가고시마 공항을 떠나 요코하마 집으로 향했다.

당시 가고시마대학 의학부 후기 전형은 센터시험(대학입학공통시험)
점수에 논술과 면접 점수를 합산해 최종 합격자를 결정하는 방식이
었다.

800점 만점인 센터시험에서 나는 710점을 받았다. 입시학원 선생
님은 "합격선은 충분히 넘었으니까 괜찮을 거야"라며 나를 안심시켜
주었지만, 진짜 변수는 면접이었다. 도쿄도 아닌 머나먼 가고시마까

지 일부러 찾아온 수험생을 교수들이 어떻게 받아들일지는 누구도 장담할 수 없는 일이었다.

전기 전형에서 치바대학 의학부에 떨어진 상처가 채 아물지 않은 채, 나는 멍한 상태로 일주일 뒤 있을 합격자 발표를 기다리고 있었다.

그 무렵, 한 친구가 자꾸 마음에 걸렸다.

도쿄의 명문 아자부고등학교 출신인 혼다와 나는 삼수 생활을 하던 1년 동안 거의 붙어 다니다시피 했다. 학원 강의도 늘 함께 들었고, 모의고사도 함께 치렀다. 힘들 때면 라면집에 들러 서로 마음속 이야기를 털어놓았고, 외로움이 깊어질 때면 규동집에 가서 소고기 덮밥을 먹었다.

혼다는 이미 첫 번째 재수 때 의대에 갈 만한 실력을 갖추고 있었지만, 센터시험에서 뜻밖의 실수를 해 결국 한 해를 더 보내게 된 경우였다. 아자부고 출신이라고 하면 자유롭고 개성 강한 인상을 떠올리기 마련인데, 그는 오히려 차분하고 성실한 친구였다. '이런 사람이 의사가 되면 참 좋겠다'고, 누구나 고개를 끄덕일 만한 사람이었다.

"어릴 적 큰 병을 앓은 적이 있었거든. 그래서 소아과 의사가 되고 싶어."

그렇게 말하던 혼다는, 종종 나에게 초고난도 수학 문제를 척척 가르쳐주곤 했다.

그런 그가 두 번째 재수 때 치른 센터시험에서도 또다시 크게 실패하고 말았다. 그리고 그 이후, 연락이 뚝 끊겼다.

국공립대 의대 입시는 센터시험에서 고득점을 받지 않으면 사실상 승산이 없다. 혼다가 전기 전형에서 떨어진 건 예상된 일이었다. 소문에 따르면 그는 지금 많이 지쳐 있고, 자포자기한 상태라고 했다. 아마 후기 전형에서도 합격하긴 어려울 것이다.

혼다에게 도저히 전화를 걸 수가 없었다.

한편 나는, 직접 가고시마로 가서 합격자 발표를 확인하기로 했다. 나 자신이 달라질 만큼 치열했던 2년을 내 손으로 마무리짓고 싶었다. 작년에 책상에 붙여놓았던 삿포로의과대학 불합격 통지서를 떼어내고, 일주일 만에 다시 하네다 공항으로 향했다. 가고시마로 가는 비행기 안에서 내려다본 후지산은 이상하게도 일그러져 보였다.

2000년 3월 22일. 바람이 유난히 거세게 불던 날이었다. 언덕 위에 자리한 사쿠라가오카 캠퍼스에 도착했을 때는 오후 4시를 훌쩍 넘긴 시각이었다. 캠퍼스는 바람만 스칠 뿐, 사람 그림자 하나 보이지 않았다. 담배를 쥔 손이 가늘게 떨렸다. 멀리서 흰 종이에 검은 글씨로 빼곡하게 적힌 수험번호 행렬이 보였다. 나는 이 수험번호 몇 자를 위해 열아홉 살과 스무 살을 통째로 바쳤다.

가까이 다가가자, 내 수험번호가 눈에 들어왔다. 눈물은 나오지 않았다. 기쁨보다도, '이제 끝났구나' 하는 안도감이 먼저 밀려왔다. 집으로 전화를 걸어 조용히 말했다.

"붙었어."

어머니는 수화기 너머에서 울고 있었다.

다음 날, 부모님이 가고시마로 내려왔다. 가고시마시 고오리모토 출신인 아버지는 이렇게 말했다.

"입학 절차를 다 마치기 전까진 안심이 안 돼."

그리고는 며칠을 머물렀다.

그날 밤, 다른 친구로부터 혼다가 후기 전형에서도 떨어졌다는 소식을 들었다. 나는 전화를 걸까 말까 망설였다.

지금 혼다가 나와 이야기하고 싶어 할까? 어쩌면 이대로 다시는 만날 수 없을지도 모른다. 부모님과 함께 가고시마 이곳저곳을 둘러보는 중에도 나는 멀리 어딘가에서 여전히 절망에 빠져 있을 혼다를 떠올렸다.

며칠이 지나, 3월 30일 오후 2시가 조금 넘었을 무렵이었다. 한적한 해안 마을에 자리한 온천 명소, '하쿠스이칸'에 머물고 있는데, 혼다에게서 전화가 걸려왔다. 아무런 마음의 준비도 하지 못한 채 전화를 받았다.

"야, 나카야마. 나 방위의대 붙었어!"

그토록 기다리던 한마디였다. 가을에 응시했던 방위의대에서 추가 합격 통지가 온 것이었다. 그 순간, 나도 모르게 눈물이 나왔다. 혼다는 그 뒤로 방위의대를 졸업하고, 지금은 가나가와현에서 소아과 의사로 일하고 있다.

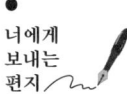
노력에 관해, 너에게 꼭 전하고 싶은 말이 두 가지 있다.

하나는, 진심을 다해 쏟은 시간과 에너지는 결코 너를 배신하지 않는다는 것이다. 그 말은 곧, 그에 상응하는 노력 없이는 어떤 목표도 이루어낼 수 없다는 뜻이기도 하다.

나는 고등학교를 졸업한 뒤 2년 동안 입시학원에 다니며 매일 같이 공부에 매달렸다. 첫해는 죽기 살기로 공부했지만, 성적은 좀처럼 의대 수준에 미치지 못했다. 마음은 점점 지쳐갔다.

주변 친구들도 의대를 목표로 하고 있었지만, 어딘지 모르게 절실함이 느껴지지 않았다. 나 역시 그 분위기에 휩쓸려 가끔은 노래방에 가거나 공원에서 밤늦도록 이런저런 이야기를 나누며 시간을 보냈다. 한번은 여학우를 괴롭히던 남자와 학원 뒤 주차장에서 말다툼 끝에 주먹다짐한 일도 있었다.

가을이 되자 실력을 점검하는 모의고사가 있었다. 결과는 '국립대 의대 E 판정'. A부터 E까지 이어지는 등급 체계에서 E는 사실상 불합격을 뜻했다.

가을이니 본시험까지는 채 반년도 남지 않았다. 눈앞이 아찔해졌다. 나는 로손 편의점 앞에서 친구가 피우던 담배를 낚아채, 내 왼손등을 지졌다. '치익' 소리가 났다. 뜨겁지는 않았으나 찌릿찌

릿한 통증이 뇌 속까지 훑고 지나갔다.

이 고통을 절대 잊어서는 안 된다. 나는 반드시 의사가 되어야 한다. 지금 내가 여기서 재수하며 공부하는 이유는 바로 그것이다.

그날 생긴 화상의 흔적은 지금도 내 왼손등에 흐릿하게 남아 있다. 그것만으로는 성에 차지 않아 '회장'이라는 별명으로 불리던 한 살 많은 형 집에 가 머리까지 밀었다. 삼수 중이던 그 형은 "유지로, 까까중처럼 보여선 안 되잖아!"라며 탈색제를 꺼내왔다. 나는 짧은 머리를 금발로 물들였다.

지금 생각해도 정말 어리석기 짝이 없는 짓이었다. '그 시간에 공부나 좀 할 것이지' 하는 생각밖에 들지 않는다. 나는 그저 열심히 하는 척만 했을 뿐, 진짜 노력은 하지 않았다. 의대 합격에 필요한 공부, 그걸 정면으로 돌파할 각오가 없었다. 그날 이후, 빡빡 민 금발머리를 들킬까 봐 집에서도 모자를 눌러쓰고 다녔다. 하지만 이틀 만에 들통이 났다. 어머니는 "귀엽네!" 하며 웃었지만, 아마도 밤에는 철없는 아들을 생각하며 눈물을 흘렸을지도 모른다.

운명의 신은 이렇게 말했을지도 모른다.

"이런 녀석을 의사로 만들 순 없지."

결국 재수한 뒤 응시한 삿포로의대와 야마나시의대(현재의 야마나시대학) 모두 처참하게 떨어졌다.

이유는 단순했다. 그해 일본에서 의대에 합격한 사람은 약 8천 명. 나는 그 안에 들 수 있을 만큼 공부하지 않았던 것이다. 의대를 준비한 사람들 가운데 상위 8천 명 안에 들기엔 내 노력의 양과 질이 턱없이 부족했다. 노력의 '질'에 대해서는 나중에 다시 이야기해 보자.

재도전할 수 있는 너는, 이미 선택받은 사람이다

3월, 불합격 통지를 받은 뒤 나는 다음 해를 준비하며 입시학원에서 공부하고 있었다. 그러다 의대 진학반에서 함께 공부했지만, 나처럼 불합격한 한 친구와 복도에서 마주쳤다.

"나카야마는 좋겠다, 삼수할 수 있어서. 우리 집은 형편이 안 돼서 이번 한 번으로 끝이야. 의대는 이제 포기하려고. 넌 꼭 열심히 해서 의사 돼라."

그 말을 듣는 순간, 나는 말문이 막혔다. 아무 말도 해줄 수 없었다. 그때 처음으로 나는 내가 삼수할 수 있을 만큼 경제적으로 여유 있는 환경에 놓여 있다는 사실을 깨달았다. 도전할 '기회'가 있다는 것 자체가 사실은 엄청난 행운이다. 이게 바로, 내가 너에게 하고 싶은 또 하나의 이야기다. 이 세상에는 아무리 노력하고 싶어도 그 기회조차 주어지지 않는 사람들이 있다. 더 나아가, 태어날 때부터 고난이 예정된 듯한 삶을 살아야 하는 사람들도 있다.

지금 네가 건강하고, 하고 싶은 일을 향해 꾸준히 나아가고 있다면, 그 사실 하나만으로도 이미 큰 행운을 누리고 있는 셈이다. 그리고 언젠가 네가 무언가를 이루게 된다면 그것이 온전히 너 혼자만의 노력 덕분이라고 생각하지는 마라. 과장이 아니라, 너는 수많은 좌절과 실패를 딛고 서 있는 것이며, 그 너머에는 너를 위해 애써준 사람들의 보이지 않는 헌신이 있었다.

어쩌면 너는 그런 사람들을 직접 만날 기회조차 없을지도 모른다. 그래도 너를 지탱해 주는 사람들과 환경에 대한 고마움만큼은 절대 잊지 않았으면 한다. 그리고 절대로 '모든 건 내 실력 덕분'이라며 오만하게 굴어서는 안 된다. 그것은 사실이 아니기 때문이다.

솔직히 말해, 나도 가끔 자신이 대단한 사람인 양 착각할 때가 있다. 그럴 때면 그 친구의 한마디가 떠오른다.

"나카야마는 좋겠다. 삼수할 수 있어서."

이 말은 늘 내 마음을 단단히 붙잡아준다.

앞서 이야기했듯, 혼다는 결국 방위의과대학이라는 만만치 않은 시험에 합격했다. 방위의대를 졸업하면 9년간 자위대나 그 산하 병원에서 근무해야 한다. 그런 조건이 있기는 하지만 나는 혼다가 의사가 된 것을 진심으로 기쁘게 생각한다.

그렇게 한 편의 역전극 같은 이야기를 마주하며, 나는 혼다를 의사로 만든 이 세상을 조금 다르게 보게 되었다.

그래, 이 세상은 꾸준하고 성실하게 노력하는 사람을 배신하지 않는구나.

이 점은 너도 오래도록 마음에 새기길 바란다.

3

타인의 시선에 휘둘리지 않고
나답게 살아가기

■■ 동경하던 대학 생활

2000년 4월 1일.

스무 살 끝자락에 서 있던 나는 요코하마에서 가고시마시 아라타 2초메, 드럭일레븐 옆에 있는 새 원룸아파트로 이사했다.

4일 뒤면 가고시마대학 입학식이었지만, 방 안엔 침대도, 소파도, 텔레비전도 아무것도 없었다. 어찌 된 영문인지, 부모님이 사준 MD 플레이어만이 마룻바닥에 덩그러니 놓여 있었고, 나는 바닥에 이불을 깔고 앉아 계절과는 어울리지 않는 비즈(B'z)의 '언젠가의 메리 크리스마스'를 들었다.

입학식까지는 별다른 할 일이 없었다. 그래서 8천 엔짜리 자전거를 사서 타고는 주변을 둘러보았다. 아라타 2초메에는 전신주와 신호등이 있었고, 편의점과 정식집이 있었다. 큼직한 단독주택도 있었고, 자그마한 공원도 있었다. 사람들은 그 길을 따라 걷고, 신호에 맞춰 길을 건너고, 강아지 산책을 시키고, 빨래방에서 세탁을 했다.

나는 가고시마가 요코하마와 그리 다른 게 없다는 데 놀랐다. 단 하나 다른 점이 있다면, 풀과 나무의 크기였다. 잎사귀 하나하나가 크고, 줄기도 높이 쭉쭉 뻗어 있었다. 그 모습에서 나는 이곳이 남쪽 지방이란 걸 실감했고, 가고시마의 초여름 바람을 두 뺨으로 느꼈다.

가고시마 제일의 번화가 '덴몬칸'에도 가봤다. 거기엔 폴스미스나 맨즈비기 같은 젊은 남성용 패션 매장이 즐비했다. 입어보고 싶어 점원에게 말을 걸었다가 억양이 달라서 내심 놀랐다. 하지만 내색하지는 않았다.

재수, 삼수 시절 내내 금발머리로 일관했던 나는 면접시험을 위해 검은 머리로 바꿨지만, 역시 다시 염색하고 싶은 마음을 참지 못하고 미용실 '모즈헤어'에 들어갔다.

"머리를 은색으로 염색해 주세요."

그렇게 말하자, 미용사 모토 씨가 놀란 표정을 지었다. 이후 6년 동안 나는 쭉 모토 씨에게 머리를 맡겼다.

삼수 끝에 마침내 꿈꾸던 대학 생활이 시작되었다. 교수님 대다수가 가고시마 특유의 억양으로 강의해서 알아듣는 데 애를 먹었다. 같은 단어라도 악센트가 다르면 이렇게 알아듣기 힘들 수 있구나 싶었다.

나는 편의점에서 『라후루』(가고시마에서는 칠판 지우개를 '라후루'라고 한다)라는 제목이 달린 책을 사서 가고시마 방언을 공부하기 시작했다.

의대 6년의 대학 생활 중 2학년 1학기까지는 '교양과정'이라 해서, 의학과는 직접적인 관련이 없는 과목들을 다른 학부 학생들과 함께 고리모토 캠퍼스에서 수강했다. 제2외국어로는 독일어를 선택했는데, 수업을 맡은 오스트리아 출신의 체격이 큰 여교수가 침을 튀기며 말했다.

"여러분, 일본의 여성 차별이 얼마나 심한지 꼭 알아야 해요. 아내를 '안사람'(오쿠상)이나 '집사람'(가나이)이라고 부르고, 남편은 '주인님'(고슈진사마)이라 부른다니! 여성이 무슨 노예인가요?"

그 말은 지금도 내 가슴에 또렷이 남아 있다. 시험은 어려웠고, 간신히 60점을 받아 낙제를 면했다.

잊을 수 없는 강의도 있었다. '현대 독일 단편소설'이라는 수업이었다. 필수과목은 아니었으나 문학 강의를 꼭 한번은 듣고 싶어 수강 신청을 했다. 매주 강의 시간에는 독일 단편소설을 나눠주었고, 우리는 한 사람씩 돌아가며 큰 소리로 읽었다. 교수님은 그 작품의 시대적 배경을 시작으로 깊이 있는 해석을 해나갔다. 이런 강의가 삶에 무슨 도움이 될까, 하는 생각도 들었지만, 지금까지와는 차원이 다른 여유로운 시간이었다.

강의가 끝나고 기말시험에서는 답안지 뒷면에 '수업을 들은 소감'을 적으라고 했다. 나는 "문학의 목적이 뭔지, 아직 잘 모르겠습니다"라고 썼다. 성적은 '우수'였다.

그땐 18년 뒤에 내가 소설가로 데뷔하게 되리라고는 상상조차 못 했다.

"하고 싶은 건 뭐든 다 해봐."

그렇게 말하는 사람은 많다. 하지만 실제로 해봤더니 어땠는지 말해주는 사람은 별로 없다. 여기서는 스무 살이 되어서야 겨우 대학생이 된 내가 부모 곁을 떠나 혼자 살면서 하고 싶은 걸 마음껏 해봤더니 어땠는지, 그 결과를 살짝 들려주고 싶다.

나는 고등학교를 졸업하자마자 머리를 금발로 염색했다. 대학에 들어가서는 은빛으로 염색하기도 하고 다른 여러 색으로 염색하기도 했다. 귀에는 피어싱 구멍을 다섯 개나 뚫고, 다양한 디자인을 즐겨도 봤다.

그렇게 한 데는 두 가지 이유가 있었다. 하나는, 엄격한 교칙에 억눌려 지낸 중고등학교 시절에 대한 반발심 때문이었다.

내가 다녔던 세이코가쿠인이라는 남자 중고등학교는 명문이긴 했지만, 본래 기독교 수도원이 세운 학교라 교칙이 무척 엄격했다.

겨울 교복 차림에서 넥타이를 느슨하게 풀어도 선생님에게 매를 맞고, 금지된 머플러를 둘러도 매를 맞았다. 머리카락이 조금이라도 귀에 닿으면 너무 길다며 교실에서 쫓겨났고, 눈썹을 살짝 다듬기만 해도 매를 맞았다. 성적이 좋은 학생이 도쿄대를 지원하지 않겠다고 했다가 맞았다는 소문도 들었다. 지금은 그런 일은 없는 것 같다.

머플러를 둘렀다고 해서 왜 풍기가 문란해지는 건지, 고등학생이던 나로서는 도무지 이해할 수 없었다. 선생님은 "정해진 규칙이니까"라고만 했다. 속으로는 거세게 반발했지만, 마찰을 빚고 싶지 않아서 조용히 따랐다. 실제로 끝까지 교칙에 반발하다가 결국 자퇴한 친구도 있었다. 나는 그 점에선 비교적 현실적이었던 셈이다.

나는 그런 부조리한 규칙을 학생에게 강요해야만 하는, 교사라는 직업만큼은 절대 선택하지 않겠다고 다짐했었다.

그래도 억압의 흔적은 강하게 남았던 모양이다. 고등학교를 졸업하자마자, 나는 머리를 금발로 염색했다. 특별한 이유가 있었던 건 아니다. 금발이 유행이었던 것도 아니었다. 그냥 해보고 싶었다.

머리를 금발로 바꾸고 나니, 세상이 조금 다르게 보였다. 입시학원에서는 '금발 유지로'라 불렸고, 껄렁한 친구들도 나를 좀 다르게 보는 눈치였다. 피어싱을 하게 된 것도 비슷한 이유에서였다.

나는 '모범생'처럼 보이는 게 싫었다. 더 솔직히 말하자면, 남들과는 다른 모습의 나로 있고 싶었다. 말하자면, '개성'을 드러내고 싶었던 것이다.

지금 돌이켜보면, 외모 말고는 개성을 드러낼 방법이 없었다는 점이 좀 부끄럽기도 하다. 하지만 돈도, 힘도, 직함도 없는, 그저 재수생에 불과한 '아무것도 아닌 존재'라는 사실이 견딜 수 없었다. 이것이 눈에 띄는 외모로 치장한 또 다른 이유다.

나는 이런 방식으로 자신을 지켜내는 것도 나쁘지 않다고 생각한다.

비록 그것이 외모라는 아주 작은 영역이긴 했지만 적어도 나는 내가 하고 싶었던 나의 모습으로 살았다. 그것은 작지 않은 사건이었다. 그런 방식의 '실현'은 태어나서 처음이었고, 그 후 '내가 원하는 나로 살아가는 삶'으로 이어지는 계기가 되었다.

자신이 원하는 대로 살아가기란 의외로 어렵다. 내가 살아오며 본 바로는, 그런 삶을 사는 사람은 열 명 중 한 명도 되지 않았다.

나는 의사가 되었지만, 소설을 쓰고 싶어서 결국 소설가가 되었다. 그것은 내가 선택한, 나만의 삶의 방식이었다. 그런 도전을 할 수 있었던 건, 내가 바라는 나의 모습을 끝까지 밀고 나가려는 태도를 잃지 않았기 때문이라고 생각한다. 도전할 때마다 "그만두는 게 낫지 않을까", "하지 마, 시간 낭비야"라며 충고하는 친구들이 있었지만, 나는 그들에게 "고마워. 그래도 난 내가 하고 싶은 대로 해볼게"라고 말했다.

대학에 들어간 뒤에도, 나는 강렬한 외모를 유지하고 싶었다. 넟 년 동안 해온 금발은 내 얼굴에 잘 어울리는 것 같았고, 멋진 피어싱도 몇 개 갖고 있었다. 나는 패션 잡지를 보다가 마음에 드는 스타일이 눈에 띄면, 곧장 비슷한 옷을 사 입었다.

가고시마 사람들에게 금발에 피어싱을 한 남학생은 분명 낯설고 이질적인 존재였을 것이다. 나 역시 그런 시선을 의식하고 있었고, 가고시마에 온 뒤 한동안은 굳이 주변에 섞이려 하지 않고 자신의 독특한 외모를 고집했다.

　가고시마는 내가 원해서 선택한 곳이 아니었다. 치바대학에 떨어진 뒤, 차선책으로 택한 곳이 가고시마대학이었기 때문에 처음부터 이곳에 정이 가지 않았다. 시골스럽고, 말투는 투박하고, 고구마 소주는 도무지 입에 맞지 않았다.

　그런 마음 탓이었을까. 나는 무려 2년 가까이 이곳에 제대로 녹아들지 못했고, 그만큼 외롭고 힘든 시간을 보내야 했다.

고독을 애써
감추려 하지 마라

∷ 낯선 땅, 첫 술자리에서 마주한 것들

스무 살에 가고시마대학에 입학한 나는, 먼저 '동아리'에 들어가 고달팠던 재수, 삼수 시절을 털어내고 놓쳐버린 청춘을 되찾고 싶다는 기대를 품고 있었다.

그러려면 친구를 사귀는 게 우선이었다. 하지만 가나가와에서 나고 자란 내게 가고시마에는 친구는커녕 아는 이 하나 없었다. 그래서 입학 안내 자료에 끼어 있던 '의학부 신입생 환영 행사'부터 참석해보기로 했다.

토요일 아침 8시, 가고시마대 부속병원 옆 사쿠라가오카 캠퍼스에 도착했다. 그곳에서 말 한마디 나눠본 적도 없는 동기 100여 명과 함께 대형 버스에 올랐다. 창밖으론 낯선 풍경이 스쳐 지나갔고, 차 안엔 어색한 기색이 가득했다.

입시 생활의 피로가 아직도 얼굴에 묻어 있는 동기들을 볼 때면 '너도 그 지옥을 건너냈구나' 하는 동지애가 느껴지기도 했다. 하지만 아무리 봐도 갓 고등학교를 졸업한 듯 들뜬 18살 신입생들을 보고 있노라면, '왜 저런 애들과 같은 출발선에 서야 하지?' 싶은 얄궂은 감정이 올라오기도 했다.

지리에 어두워 어디로 가는지도 몰랐고, 옆자리에 앉은 낯선 남자와도 어색한 침묵이 이어졌다. 그런 가운데, '캬나'라는 한 학년 선배가 사회를 맡자 차 안은 그의 재치 있는 말솜씨 덕분에 금세 들뜬 분위기로 바뀌었다. 윈드서핑부에서 활동 중이라는 그를 보며 '뭐야, 저 남자' 하고 처음엔 괜히 못마땅했지만, 그도 나처럼 삼수했다는 이야기를 듣고는 왠지 모르게 친근하게 느껴졌다.

차창 너머로 맑은 하늘 아래 뾰족하게 솟은 산 하나가 눈에 들어왔다. 저게 혹시 화산섬 사쿠라지마일까 하고 잠시 생각했다. 나중에 알게 된 일이지만, 그날 우리가 타고 있던 버스는 226번 국도를 따라 가고시마 시내에서 이부스키 방면으로 남하하고 있었다.

버스는 한참을 달려 산길로 접어들더니, '이케다호'라 불리는 커다란 호숫가에 다다랐다. 전설에 따르면, 이곳에는 '잇시'라 불리는 미지의 거대 생물이 산다는 소문이 있었다. 당시엔 온통 수수께끼로 싸여 있었는데, 지금은 그 정체가 밝혀졌는지 모르겠다.

그다음 우리가 도착한 곳은 '우나기이케'라는 또 다른 호수 근처였다. 캠프장처럼 한적한 언덕에 통나무로 지은 산장들이 띄엄띄엄 세워져 있었고, 우리는 그 산장에 몇 명씩 나눠 들어갔다. 오리엔테이션이 끝나고 해가 지기 시작하자, 선배들이 삼삼오오 몰려들었다.

그리고 바로 동아리 회원 모집 경쟁을 벌였다.

뜻밖에도 의대생 대부분은 대학에 와서도 동아리에 가입하는 것을 당연하게 여겼다. 중고등학교 시절 내내 축구부였던 나는, 이번에도 자연스레 축구부 산장에 들어갔다.

그곳에서 나는 처음으로 '스톰'이라는 문화를 알게 되었다. 스톰이란 일종의 술자리 통과의례처럼 술을 원샷하며 자기소개를 하는 방식인데, 보는 것도 듣는 것도 처음이었다.

해가 저물어가는 산장에서, 나는 생전 처음 마셔보는 고구마 소주를 마구 들이켰다. 맛이 어땠는지는 기억나지 않지만, 접착제 세메다인을 떠올리게 하는 묘한 냄새만은 기억에 또렷하게 남아 있다.

술 마시는 법도 제대로 몰랐던 나는 금세 취해 버렸다.

아는 사람 하나 없고, 어디가 어딘지도 모를 만큼 낯선 땅에서 취하고 나니, 이유 없이 서럽고 억울한 감정이 치밀어 올랐다. 감정을 주체하지 못한 나는 맥주병이 든 상자를 몇 번이고 걷어찼다.

외로웠던 것이다. 몇 번을 토하고, 밤새 낯선 사람들 사이를 비집고 다니기도 했다.

며칠 뒤 시작된 의학부 수업에서도 나는 동기들과 쉽게 어울리지 못했다. 그런 와중에 단 한 사람, 삼수 끝에 의대에 들어온 것도, 흑인 래퍼처럼 머리를 땋은 개성 강한 외모도, 그리고 어딘가 정착하지 못한 채 조금은 떠 있는 듯한 분위기까지, 여러모로 나와 닮은 아이치 출신의 이토와는 쉽게 친해졌다.

그렇게, 나의 대학 생활은 시작되었다.

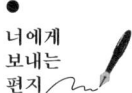

고독을 술로 지우려 했던 시절

나는 술을 마시고 얼마나 많은 실수를 했는지 모른다.

술을 기호품이라고 생각하는 사람도 많지만, 사실은 그렇지 않다. 술은 뇌 기능을 떨어뜨리고, 도취 상태로 만들어 일상에서 느끼는 불쾌한 감정을 마비시키는 약물이다.

대마초나 각성제 같은 불법 약물과 큰 차이가 없다. 오히려 알코올이 일으키는 신체적 의존은 코카인이나 각성제에서는 나타나지 않는다.

그렇다고 해서 술이 더 위험하다는 말도, 안전하다는 말도 아니다. 이 모두가 심각한 약물이다. 단지 술만이 역사적으로 기호품으로 자리잡아 지금까지 규제받지 않고 있을 뿐이다.

그런 술에 기대어, 나는 참 많은 잘못을 저질렀다.

가고시마에 가서 느낀 외로움을 떨쳐내기 위해, 나는 무분별하게 술을 마셨다. 앞서도 언급했듯, 술에 취해 자포자기한 상태로 맥주병 상자를 몇 번이나 걷어찬 일 때문에 나는 의대 동기들 사이에서 '위험한 녀석'이라는 낙인이 찍히고 말았다.

허탈함과 쓸쓸함, 제1지망 학교에 떨어진 뼈아픈 실패의 기억을 마비시키기 위해 가고시마에 온 직후 한동안 나는 혼자서도 자주 술을 마셨다. 알코올은 정신을 억제하는 작용이 있어, 깨진 유리

조각 위에 맨몸으로 앉아 있는 듯한 마음의 통증도 어느 정도는 무뎌지고 마침내 그 통증은 졸음 속으로 가라앉는다. 그렇게라도 하지 않으면, 그 괴로움을 견딜 수가 없었다.

지금 내가 가고시마에 있다는 사실은 치바대학에 떨어졌기 때문이다. 나는 이를 "넌 치바나 수도권에 있을 자격이 없다. 그럴 만한 노력을 넌 해내지 못했다"라는 의미로 받아들였다.

나는 시선을 내리깔고 술을 들이켰다. 패배감이 다시 밀려오면 또 마셨다. 그렇게 밤을 보냈다.

"어차피 의사가 되고 싶었던 거잖아? 의대에 들어갔으면 된 거지, 뭐가 그렇게 불만이야?"

그렇게 말하는 사람도 있을 것이다. 그 말에도 일리는 있다. 나역시 일정 부분 동의한다. 실제로 어느 정도의 만족감은 분명히 있었다.

그런데도 제1지망이었던 치바대학 의과대학에 떨어졌다는 사실은 '인생에서 처음으로 모든 것을 걸고 임한 진검승부에서 패했다'는 의미로 내 머릿속에 깊이 새겨졌다. 지금 돌이켜보면, 그 패배의 충격이 가고시마에 대한 반감, 그리고 금발머리와 피어싱이라는 외적인 반항으로 표출된 것 같다.

그땐 그런 생각조차 하지 못했다. 그저 패배자로서의 자신을 스스로 가혹하게 벌주고 싶은 심정뿐이었다. 자존심이 강했기 때문인지도 모른다. 겉보기에 아무런 상처도 없는, 말하자면 '무결한'

사람과는 친구가 될 수 없었다. 나처럼 마음이 거칠게 일그러진 사람, 같은 상처를 지닌 사람과만 함께 있고 싶었다. 그렇게 생각했기 때문에 나와 비슷한 처지였던 이토와는 금세 가까워졌다.

술에 기대어 마음의 고통을 달래고는 있었지만, 나는 이 거대한 '패배'를 얼버무리지 않았다. 없던 일인 척 덮으려 하지도 않았다. 사람들 앞에서는 "의사가 되고 싶었던 거니까 어디든 상관없어", "가고시마도 괜찮은 곳이야" 같은 말로 대충 얼버무렸다. 하지만 자신에게만큼은 단 한 번도 거짓말하지 않았다.

"너는 모든 것을 걸고 임한 진검승부에서 처참하게 패했다."

그 말을 수없이 되뇌며 가슴에 깊이 새겨 넣었다. 그리고 언젠가 다시 싸워야 할 날이 온다면, 같은 패배는 두 번 다시 반복하지 않겠다고 굳게 다짐했다.

대학생이 된 이후, 수많은 인간관계와 새로운 커뮤니티가 물밀듯 밀려들었다. 의대 동기만 해도 백여 명, 앞으로 6년을 함께해야 할 사이였다. 나는 어쩌다 보니 의대·치대 연합 축구부에 들어갔고, '차이코로'라는 자원봉사 동아리에도 가입했다.

그 시절에는 어느 모임에서든 술자리가 잦았다. 술집에 모여 마실 때마다 나는 어김없이 사고를 쳤다.

술에 취해 소란을 피우기도 했고, 선배에게 무례한 말을 내뱉기도 했으며, 때로는 아무 말 없이 사라지기도 했다. 지금 돌이켜보면 정말이지 철없고 미숙한 모습이었다. "아파, 아파……" 하고 소리를 질러도, 사람들은 나를 모른 척 외면했다. 술을 마시는 태도로 따지자면 완전히 빵점이었다.

하지만, 그런 나를 구해준 것이 결국은 또 '술'이었다는 사실도 부정할 수 없다.

나는 내 실패와 정면으로 마주하려 하지 않고, 술과 이토에 기대어 도망치듯 살았다. 그렇게 시간이 흘러 2년쯤 지나자 치바대학이니 뭐니 하는 건 사실 그다지 중요하지 않게 되었고, 오히려 가고시마가 점점 좋아지기 시작했다. 그러자 신기하게도 친구가 늘었고, 사람들과의 관계도 한결 편안해졌다. 참 묘한 일이었다.

괴로울 땐 도망쳐도 괜찮다. 도망치고 나면, 시간이 해결해 주는 일도 있다.

그걸 나는 그때 배웠다. 가능하다면, 술이 아닌 다른 것에 기대었더라면 더 좋았겠지만.

'선택'이란
선택한 쪽을 정답으로 만드는 일

∷ 나이도 서열도 뒤엉킨 곳에서

24년 전 4월, 나는 가고시마대학 의과대학에 입학했다.

가나가와에서 나고 자란 나에게, 가고시마는 아버지가 가고시마시 출신이라는 사실 외에는 아무런 인연도 없는 낯선 땅이었다. 그곳에서 나는 태어나 처음으로 혼자 살기 시작했다.

다소 가벼워 보이는 치바 출신의 2학년 선배가 내게 말을 걸었다.

"중고등학교 때 축구 했었다면서? 그럼 축구부에 들어와. 우리 부에는 간토 출신도 많아."

다니야마 방면 대로변에 있는 돈가스집 '하마카츠'에서, 선배는 내게 축구부 들어올 것을 권했다.

하지만 나는, 일주일에 다섯 번씩 훈련하며 규율도 엄격한, 대학 체육회 소속 축구부에 선뜻 들어가고 싶지 않았다. 중고등학교 시절 내내 축구부 활동을 해왔으니, 대학에서는 동아리 활동도 해보고, 아르바이트도 하며 '대학생다운' 생활을 경험해 보고 싶었다. 무엇보다 다른 학과 친구들과도 어울려보고 싶었다. 그런데 캠퍼스가 학부별로 나뉘어져 있어 축구부는 의학부와 치의학부 학생들만 가입할 수 있었다.

고민 끝에 나는, 자폐증 등 발달장애 아동과 그 가족들을 만나 교류하는 '차이코로'라는 자원봉사 동아리에 가입했다. 이 동아리는 의학부뿐 아니라 전 학부 학생이 참여할 수 있는, 내가 생각한 '이상적인 동아리'에 가까웠다.

아이들을 좋아했고, 봉사활동에도 관심이 많았으며, 다양한 학부 친구들과도 교류하고 싶었던 내게, 이 동아리는 여러모로 매력적인 선택이었다.

나는 신입생 환영회는 물론 매주 이어지는 활동에도 빠지지 않고 참석했다. 하지만 잘 어울리지는 못했다. 선배들 역시 나에게 다소 거리를 두고 대하는 느낌이었다.

지금 생각하면 그럴 법도 했다. 금발에 피어싱을 하고 담배까지 피우는 데다, 삼수 끝에 입학해서 또래보다 나이도 많았던 나를 그 어린 선배들이 어떻게 대해야 할지 몰랐을 것이다. 그 시절, 그 선배들이 얼마나 난처했을지를 생각하면 지금은 오히려 미안한 마음이 든다.

게다가 나는 그런 외모와 달리 심하게 낯을 가리는 편이어서 먼저 말을 걸거나 분위기를 풀려는 노력도 하지 않았다.

그래도 차이코로 여름 캠프에는 참가해 아이들과 며칠을 즐겁게 지냈다. 의대·치대 축구부에도 일단 소속돼 있었던 나는, 내키지는 않았지만 주 5회 훈련에도 꼬박꼬박 얼굴을 내밀었다. 4월 한 달 동안은 환영받았고, 연습이 끝나면 기샤바 전철역 앞에 있는 '야스베'라는 정식집에서 선배들이 여러 번 저녁을 사주었다. 자이언츠 팬이 운영하는 그곳에서 5학년 선배와 마주 앉았을 때, '와, 정말 아저씨 같다'는 느낌이 들었던 기억이 난다.

하지만 5월이 되자 분위기는 확 바뀌었다. 철저한 상하관계 아래 본격적인 신입생 교육이 시작되었다. 원정경기 때는 짐을 나눠 들어야 했고, 선배의 더러운 유니폼을 빨아야 했으며, 술자리에서는 줄곧 고구마 소주에 물을 타 미즈와리를 만들어야 했다.

그중에 내가 끝내 할 수 없었던 일이 하나 있었다. 그건 바로, 한 선배에게 존댓말을 쓰는 일이었다. 나이는 나보다 한 살 어리지만, 현역으로 입학해 한 학년 위였던 그 선배에게만은 존댓말이 입에서 떨어지지 않았다.

5학년, 6학년 선배들은 말했다. "너 참 바보구나. 사회에 나가면 수없이 겪을 일인데 못할 게 뭐야?"라고 했다. 하지만 도저히 입에서 나오지 않았다. 지금 생각해 보면, 그렇게까지 고집을 부릴 일은 아니었다. 겉으로만이라도 "선배님, 선배님" 하며 적당히 맞춰주면 될 일이었지만, 어려서 그랬는지, 아니면 애초에 내가 속이 좁았던 탓인지, 도무지 그 말이 안 나왔다. 나보다 어린 다른 선배들에게는 아무렇지 않게 존댓말을 쓰면서도, 이상하게도 그 선배에게만큼은 끝내 그렇게 하지 못했다.

결국 어느 날, 나는 그에게 "미안하지만, 너한테는 도저히 존댓말 못하겠어"라고 말했다.

그랬더니 그 선배는 "그래, 알았어" 하고 짧게 대답했다. 그때 그가 보여준 표정은 지금도 잊히지 않는다.

왜 하필 그 선배였을까? 그는 규슈의 명문 라사르고등학교 출신에, 현역으로 의대에 합격했고, 집안도 부유하고, 얼굴도 잘생기고, 술도 잘 마시고, 운동까지 잘했다. 질투하지 않았다고 하면 거짓말일 것이다. 그 선배와는 몇 년 뒤 오히려 가까워졌고, 지금은 가고시마에 갈 때마다 꼭 찾아가 만나는 사이가 되었다. 사람 일이란 정말 알 수 없다.

어쨌든 지고 싶지 않다, 남보다 앞서고 싶다는 마음만이 마그마처럼 끓어오르던, 한심하기 짝이 없는 젊은 날이었다. 그 시절을 떠올리면, 노다 선배에게는 아직도 미안한 마음이 든다.

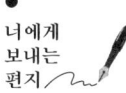

남에게 지고 싶지 않은 마음.

10대, 20대 시절의 나는 이 감정을 가장 중요한 원칙으로 삼고 모든 행동을 결정했다. 유치하고 본능적인 감정이지만, 그 에너지의 크기는 엄청났다. 앞서도 언급했듯, 내 안에서는 그것이 마치 마그마처럼 분출하고 있었다.

'남을 이기고 싶다'는 그 마음은 곧 자존심으로 이어진다. 자존심이란 말은 너도 들어봤겠지만, 자만심과는 다르다. 자존심이란, '나는 대단한 사람이니, 이 정도는 해낼 수 있다'고 믿는 강한 감정이다.

하지만 이 세상에는 자존심에도 두 종류가 있다는 사실을 너는 아직 모를 수도 있다.

하나는 자신을 향한 자존심이고, 다른 하나는 타인을 향한 자존심이다.

자신을 향한 자존심이란, 지금의 내 수준이라면 이 정도 시험이나 일쯤은 반드시 해낼 수 있다고 믿고, 그 믿음을 현실로 만들기 위해 스스로를 다그치며 끊임없이 몰아붙이는 힘이다.

세계 최고의 복서였던 무하마드 알리는 "나는 세계 최고야, 최고!"라고 외치며, 정말 기적과도 같은 강한 힘을 발휘했다.

한편, 타인을 향한 자존심은 '이 정도로 대단한 나라는 사람에게는 좀 더 정중하게 굽신굽신해야지'라는 식으로, 상대에게 요구하는 감정이다. 이건 결코 좋은 자존심이 아니다. 내가 지금까지 만나본 진짜 대단한 사람들은 대부분 이런 타인을 향한 자존심은 거의 가지고 있지 않았다.

그런데 나는, 앞에서 언급한 것처럼 타인을 향한 자존심을 드러내고 말았다. 한심하고 유치하기만 한 모습이었다. 내가 진정으로 타인을 존중할 여유가 있는 사람이었다면, 연하의 선배에게도 존댓말을 쓰고 마땅한 예의를 갖추었을 것이다.

하지만 그때의 나는 자신감도 없고, 실력도 부족하고, 여유도 없는 그저 철없는 어린아이였다. 그래서 존댓말조차 쓰지 못했다. 지금 돌아봐도 정말이지 부끄러운 일이다.

만약 지금, 그때의 나처럼 행동하는 후배가 내 앞에 나타난다면 나는 이렇게 말할 것 같다.

"그래, 그래. 그렇게라도 강한 척하지 않으면 버틸 수가 없는 거구나. 존댓말 같은 건 굳이 쓰지 않아도 돼."

그리고 부모가 그러하듯 다정한 마음으로 그를 대할 것 같다.

연하의 선배에게 존댓말조차 쓰지 못했던 그 시절의 나에게도 단하나, 긍정해 줄 만한 점이 있었다.

바로 상식에 의문을 품었다는 것이다. 모두가 존댓말을 쓰고 있으니까, 지금까지도 그래왔으니까, 그래서 나도 똑같이 한다. 그런 상식에 나는 의문을 품었다.

내 머리로 생각해 보고, 그 사람은 존경할 만한 인물이 아니라고 (물론 실제로는 그런 사람이 아니었지만) 판단한 끝에, 존댓말을 쓰지 않기로 스스로 결정했던 것이다.

앞으로 네가 살아갈 이 사회에는 "나이가 많으니 당연히 윗사람이다", "경험이 많으니 분명 뛰어날 것이다", "저 사람이 추천했으니 틀림없는 사람이다" 같은 상식이 당연한 듯 통용된다.

하지만 진짜 실력은 그런 것으로 판단할 수 있는 게 아니다.

나는 그런 상식에 강한 거부감을 가졌고, 내 머리로 생각하고 내 눈으로 본 것만을 기준 삼아 판단했다. 그 덕분에 의사로서도 남들보다 빠르게 실력을 인정받았고, 젊은 나이에 외과 의사로서 두각을 나타낼 수 있었다.

그리고 또 하나, '사람은 하나의 직업만 가져야 한다'는 고정관념을 깨고, 소설가로 데뷔해 지금도 글을 쓰고 있다.

상식에 의문을 품는 일은 살아가는 데 매우 중요하다. 그 상식이란, 대부분 낡고 진부한, 그리고 너 아닌 다른 누군가에게만 유리하게 만들어진 규칙일 수 있기 때문이다.

상식에 의문을 품는 연습

'상식에 의문을 품는다'는 것, 다시 말해 자신의 머리로 생각한다는 것은 매우 중요한 일이다.

누가 봐도 별이 움직이는 것처럼 보이는데 지구가 움직인다고 말한 사람도 있고, '시간'은 일정하지 않다고 주장한 사람도 있다. 강한 산성의 위에는 세균 따위가 존재할 리 없다는 통념을 뒤엎고 세균을 발견한 사람도 있다. 이 세상을 앞으로 나아가게 만든 것은, 바로 그런 상식에 의문을 품은 사람들이었다.

나는 '의사, 특히 젊은 의사는 자기 목소리를 내선 안 된다'는 사회적 통념을 깨고, 언론 취재에만 의존하지 않고 직접 글을 써 연재하고 책을 내기 시작했다. 그동안 의료계 내부에만 머물던 정보들을 일반 대중에게 직접 알리는 새로운 길을 연 것이다.

그 반응은 놀라울 정도로 뜨거웠다. 당시 인터넷에서 가장 영향력 있던 뉴스 사이트인 야후! 뉴스에 실린 내 글을 수십만 명이 읽었고, 『의사의 속마음』이라는 책은 10만 부 이상 팔렸다. 그 무렵에는 흔치 않은 일이었기에 그런 반향이 일어난 것도 어쩌면 당연했는지 모른다.

물론 상식에 의문을 품고 자기 머리로 생각하는 일은 때로 위험한 행위가 될 수도 있다.

대단히 넓은 식견이 있는 것도 아니고, 날카로운 판단력을 지닌 것도 아닌 상태에서 자기 머리로 판단하고 결정하다 보면 때로는 큰 실수를 저지를 수도 있다. 누구나 알고 있는 사실조차 모른 채, 큰 화를 입는 경우도 있다.

그래서 나는 책을 읽고, 어른이 된 뒤에도 다시 대학원에 다니며 배움을 이어갔다. 아무리 배워도, 시간이 아무리 흘러도 '이 정도면 충분하다'고 말할 수 있는 순간은 좀처럼 오지 않는다. 그래도 자신의 머리로 생각해야 하는 이유가 있다.

하나는, 자기 머리로 생각하는 연습을 하지 않으면 그 능력 자체가 길러지지 않기 때문이다. 그러면 결국 평생 자기 힘으로 생각하지 못하고, 직업 선택이나 결혼 같은 인생의 중요한 결정 앞에서도 갈피를 잡지 못하게 된다.

물론 실수는 하게 될 것이다. 하지만 이것만은 분명하다. 몇 번의 뼈아픈 실수를 피하려고만 해서는 그 능력을 결코 키울 수 없다. 필요한 정보를 모으고, 그중에서 무엇이 중요한지를 판단하고, 때로는 신뢰할 수 있는 사람에게 조언을 구하며, 궁극적으로는 스스로 결정하는 것. 이 과정을 통해서만 자신의 머리로 생각하고 결정하는 능력을 얻을 수 있다.

또 하나는, 자신이 가진 모든 식견과 경험을 총동원해 고민하고 결정해야 그 결정에 대한 '각오'가 생기기 때문이다.

나는 서른다섯을 넘긴 무렵부터, 젊은 사람들로부터 진로 상담을 자주 받았다. 그들은 앞으로 어떤 길을 가야 할지, 의사라면 어떤 전문 분야를 선택할지 등등을 물었다.

그럴 때마다 나는 이렇게 말하곤 했다.

"선택이란, 어떤 것을 고르는 행위가 아니야. 자신이 고른 그 선택지를 '정답'으로 만들기 위해 현실을 억지로라도 비틀고 나아갈 각오와 노력 그 자체지."

네가 A를 선택하든 B를 선택하든 이 세상은 조금도 달라지지 않는다. 세상은 너의 선택 하나에 눈곱만큼도 영향을 받지 않는다는 뜻이다. 네 인생조차도 사실 그리 달라지지는 않는다.

그건 너뿐만 아니라, 누구나 마찬가지다. 세상 어떤 유명한 사람이라 해도 그렇다.

스스로 깊이 생각해 결정을 내리고, 언젠가 그 선택이 옳았다고 말할 수 있을 만큼 꾸준히 노력할 때, 너의 인생의 문은 조용히 열리기 시작할 것이다.

6

나와 맞지 않는 사람은
피해도 괜찮아

■■ 소외당한 기억

요코하마에서 태어나고 자란 나는 가고시마에 아는 사람이 한 명도 없었다. 그래서 동아리와 축구부에 들어가 어떻게든 이곳 생활에 적응하려고 애썼다.

그런데 의대 동기들과는 아무리 해도 잘 어울릴 수가 없었다.

의과대학 의학과는 한 학년 100명이 6년 내내 함께 지내는, 무척이나 폐쇄적인 집단이다. 그런 곳에서 연애 문제로 예의에 어긋난 행동을 했다는 이유로, 나는 동기들 사이에서 점차 외면당하기 시작했다.

말을 섞는 동기는 축구부 남학생 몇 명과 매니저를 맡은 여학생 한 명뿐이었다. 여학생들과 함께하는 캠프나 술자리 같은 즐거운 모임에 나를 부르는 일은 전혀 없었다. 자기들만 챙기고, 자기들끼리만 친하게 지내는 모습을 지켜보며 나는 강한 소외감을 느꼈다.

그래서 강의가 있어 일주일에 한 번 사쿠라가오카 의대 캠퍼스에 가는 날이면 정말 우울했다. 그런데도 꿈에 그리던 의과대학 수업이었기 때문에 나는 한 번도 빠지지 않고 출석했다.

자신의 어리석음을 후회하며, 쉬는 시간에는 햇볕조차 들지 않는 흡연소에서 혼자 담배를 피웠다.

강의가 없는 날이면, 축구부 친구가 거의 공짜로 넘겨준 12년 된 토요타 수프라를 몰고, 한낮부터 요지로 해안가로 나갔다. 거기서 테트라포드 너머로 울퉁불퉁한 화산섬 사쿠라지마를 바라보았다.

화창한 날이면 콘크리트 제방에 드러누운 채, 내 인생은 앞으로 어떻게 흘러가게 될지를 생각하곤 했다.

솔직히 말하자면, 요코하마로 돌아가고 싶다는 생각까지 했었다.

동아리 선배가 권해서 억지로 마신 고구마 소주는 끝끝내 입에 붙지 않았고, 가고시마 사투리도 싫었다. 나는 가고시마를 거부했고, 가고시마 역시 나를 거부하는 것처럼 느껴졌다.

그렇게 1년 반이 흘렀다. 의대 수업이 본격적으로 시작되면서, 나는 매일 사쿠라가오카 캠퍼스를 오갔다. 출석번호가 바로 앞이었던 나카무라, 그리고 아이치 출신의 이토와는 흡연소에서 자주 이야기를 나눴지만, 여전히 다른 동기들과는 좀처럼 어울리지 못했다. 그러던 어느 날, 서른이 넘은 우라타가 나에게 말을 걸어왔다.

그는 대학을 졸업하고 회사원으로 일하다가 직장을 그만두고 의대 입시를 준비한, 이른바 재도전자였다. 가고시마대 의대 면접 때, 돌아가신 의사 아버지가 떠올라 끝내 눈물을 흘리고 말았다는 우라타의 말을 듣고, '그런 중대한 면접 자리에서 울다니, 어떻게 붙은 거지?' 하는 생각이 들면서도, 그런 사람을 합격시킨 가고시마대학이 조금 좋아졌다.

우라타는 자신의 낡은 폭스바겐 골프에 나를 태우고 덴몬칸으로 향했다. 긴장한 채 들어간 '돈키치'라는 라면집 다다미방엔 이미 대여섯 명의 동기들이 있었고, 자연스럽게 술자리가 시작됐다. 정신이 아득해질 때까지 고구마 소주 '쿠로이사니시키'를 마신 뒤, 마지막엔 낫토를 올린 돈코츠 라면을 각자 한 그릇씩 먹었다. 맛있어서 전부 비웠더니 토할 것 같았다. 그제야 우라타의 배가 왜 나왔는지 알 듯도 했다.

그 뒤로도 우라타는 변함없이 정기적으로 '돈키치'에서 술자리를 열고 나를 불렀다. 우리는 고구마 소주를 들이켜며 '의사란 무엇인가', '질병이란 무엇인가' 같은 주제로 격렬하게 토론했다.

때로는 싸우기 직전까지 갈 만큼 진지했지만, 어떤 아픔도 뒤따르지 않는 탁상공론이었다. 18년이 지난 지금도, 나는 그때처럼 다시 한번 토론하고 싶다.

'돈키치'에서 열린 우라타의 정기 모임 덕분에 나는 고구마 소주가 맛있다는 것을 알게 되었다. 내 외로움이라는 잔은 쿠로이사니시키로 조금씩 채워졌다. 동기들과 가까워지고, 친구들과 가고시마 이곳저곳을 다니다 보니, 점점 가고시마가 좋아졌다. 그러자 신기하게도 가고시마 역시 나를 받아들이기 시작한 듯한 느낌이 들었다.

친구가 생기면서 일주일에 다섯 번 있던 축구부 활동도 공부도 모두 즐겁게 할 수 있었다. 우라타는 왜 그때 나에게 말을 걸어줬을까? 나는 아직도 그 질문을 해본 적이 없다. 정 많았던 우라타는 지금 가고시마현에서 완화의료 전문의로 일하고 있다.

나와 맞지 않는 사람은
어딜 가나 있다

의대 동기들에게 소외당할 때는 얼마나 괴로웠는지 모른다.

더구나 그 이유가 전적으로 내 잘못이었기 때문에 자기혐오까지 마음을 짓눌렀다.

마치 깨진 유리 파편이 널려 있는 어두운 방에 혼자 앉아 있는 듯한 날카로운 통증을 느꼈다. 다리가 베이고, 짚은 손바닥이 베이는데도 그냥 가만히 앉아 있었다. 피가 흘러도 어떻게 할 수가 없었다.

가고시마를 떠나 다른 의과대학에 다시 응시할까도 생각했다. 하지만 내 머리로는 합격할 가능성이 없다는 걸 누구보다 내가 잘 알았다. 결국 나는 그 유리 위를 벗어날 수가 없었다.

원래 외로움을 즐기는 유형이 아니라서 더 괴롭고 아팠다.

그때의 경험 이후, 소외돼 보이는 사람이 있으면 가능하면 먼저 말을 걸어보려 한다.

"잘 지내?"

"뭐 하고 있어?"

"카레 좋아해?"

별 의미 없는 말들이지만, 그런 대화에서부터 모든 것이 시작된다. 의미 없는 대화가 외로움을 얼마나 달래주는지, 나는 몸소 겪으며 알게 되었다.

우라타는 정말 따뜻한 사람이었다. 왜 나에게 말을 걸어주었는 지는 지금도 알 수 없지만, 아마도 안쓰럽게 느꼈던 게 아닐까. 사 람들과 어울리지도 못하고, 성실한 구석 하나 없으면서도 남에게 도움을 청할 용기조차 없었던 나를. 나는 지금도 우라타를 본받으 려 노력한다.

내 경우는 내가 잘못해 소외를 당한 것이지만, 사람 사이에서 생기는 갈등은 아마 너에게도 많을 것이다. 지금도 있을 수 있고, 안타깝게도 앞으로도 분명 생길 것이다.

나 역시 수많은 사람과의 관계 앞에서 오래 고민해 왔다. 하지만 나이를 먹어 가면서 그런 관계들에 조금씩 익숙해졌고, 예전보다 한결 편안해졌다. 그 과정에서 깨달은 요령을 전하고 싶다. 혹시 모를 순간을 위해 네가 마음에 새겨두었으면 하는 요령이다.

첫째는, 바꿀 수 있는 것은 오직 자기 생각과 행동뿐이라는 사실 이다. 달리 말하자면, 타인은 결코 바꿀 수 없다는 뜻이기도 하다.

나 외의 모든 사람들, 즉 다른 이들이 무엇을 생각하고 어떻게 행동하는지는, 아무리 불쾌한 일이 있어도 기본적으로 내가 바꿀 수 없는 영역이라고 생각하는 편이 좋다(물론 폭력이나 괴롭힘 같은 건 반 드시 "하지 마!" 하고 단호하게 말해야 하고, 또 실제로 못하게 막아야 한다).

이 사실을 깨달았을 때, 나는 마치 깊은 바닷속에 가라앉고 있는 기분이었다. 바로 옆에 있는 사람에게 말을 걸어도 바닷속이라서 그 소리가 상대에게는 들리지 않는다. 반대로 친구가 나에게 무슨 말을 해도, 아무것도 들리지 않는다. 물론 "오늘 점심 뭐 먹을래?" 같은 일상적인 대화는 들린다. 하지만 정말 중요한 이야기, 마음 깊은 곳의 이야기는 들리지 않는다.

요컨대 우리는 함께 살아가는 것처럼 보이지만, 실은 각자 '혼자' 살아가는 존재다. 한 사람, 또 한 사람이 모여 다섯 명, 열 명이 되었을 뿐, 결국은 '혼자'인 사람들이 잠시 함께 있는 것에 지나지 않는다. 그래서 타인에게 무언가 영향을 주고, 그 사람의 생각이나 삶의 방향을 바꾸는 일은 애초에 불가능한 일인지도 모른다.

그 때문에 너의 인생은 네가 생각하는 것보다 훨씬 불편하고 자유롭지 않을 수도 있다. '어, 이미 정해져 있어서 내가 바꿀 수 있는 건 아무것도 없잖아' 하고 느낄 수도 있다. 하지만 자신의 생각과 행동만큼은 언제든 바꿀 수 있다.

학생일 때는 그것조차 마음대로 되지 않는다고 느낄 수도 있지만, 어른이 되면 모든 것이 자유다. 무슨 일을 할지, 어디에 살지, 저녁에 뭘 먹을지, 어떤 옷을 입을지, 술을 마실지 말지도 네가 선택할 수 있다.

그러니 먼저 자신의 지배 아래 있는 '자기 생각과 행동'을 자유롭게 움직여 다른 사람과 좋은 관계를 맺어나가자.

어떻게 좋은 관계를 만드냐고?

그 요령은 다음으로 이어진다.

둘째는, 나와 맞지 않는 사람은 어디에나 있으니 그런 사람은 피하라는 것이다.

너와 잘 맞지 않는 사람은 어딜 가나 있게 마련이다. 이유 없이 너를 싫어할 수도 있고, 네가 그 사람을 싫어하게 될 수도 있다. 꼭 이유가 있어서가 아니다. 조상 때부터 원수였을 수도 있고, 밥과 우유처럼 체질적으로 서로 맞지 않을 수도 있다. 이유를 굳이 따질 필요는 없다. 단지 서로 맞지 않을 뿐이니까.

서로 맞지 않는 사람을 만났다면 해결책은 단 하나다. 거리를 두면 된다. 가장 이상적인 방법은 물리적인 거리두기, 즉 마주치지 않는 것이다. 가능하다면 평생 다시 보지 않는 게 가장 좋다.

어릴 때는 친구들과 사이좋게 지내라는 말을 참 많이 들으며 자란다. 하지만 그 말은 꼭 따르지 않아도 된다. 그런 말을 하는 어른들 역시 모든 사람과 사이좋게 지내지는 않는다. 오히려 어른일수록 불편한 사람과는 거리를 두고, 자기만의 편안한 공간을 확보하며 살아간다.

물론 꼭 마주쳐야만 하는 사람도 있다. 학교나 학원에서 같은 반이거나, 선생님이거나, 직장의 동료처럼 말이다. 그럴 때는 먼저 접촉하는 시간을 줄이는 것이 중요하다. 그리고 정신적인 거리로서, 그 사람을 떠올리는 시간 역시 줄인다.

셋째는, 다른 세계로 잠시 도피하는 방법이다.

나는 견딜 수 없이 괴로울 때면, 언제나 다른 세계로 도피했다.

입시에 실패했을 때도 그랬고, 내가 쓴 소설이 퇴짜 맞아 몇 년 동안 들인 공이 헛수고가 되었을 때도 그랬다.

대학 입시에 실패하고 동시에 연애에도 실패했을 때는 만화 『도쿄대 이야기』전 34권을 반복해서 읽었다. 괴로운 현실에서 벗어나기 위해 만화 속 세계로 도피한 것이다. 일주일 정도 이렇게 지내다 나는 다시 현실 세계로 돌아왔다. 내가 쓴 소설이 퇴짜 맞았을 때도 일주일 정도 〈드래곤 퀘스트〉라는 게임 속으로 도피해 일주일 정도는 자신의 실패를 생각하지 않았다.

인간이라는 존재는 참 신기하게도 시간이 흐르면 그 충격조차 서서히 누그러지기 마련이다. "시간이 약이다", "세월이 약이다"라는 말을 하는 이들도 있는데, 돌이켜보면 정말 그렇다는 생각이 든다.

충격적인 일이 있을 때는 게임이나 소설, 만화 같은 세계로 도망쳐, 상처가 아물고 딱지가 앉을 즈음, 조금씩 그 아픔을 바라보았다. 나는 그렇게 살아왔다.

나 같은 사람이
그 일을 해도 될지 고민된다면

:: 의대 실습

가고시마대 의대에 입학하고 나서 나는 아주 조금씩 남쪽 지방의
삶에 익숙해져 갔다.

난생처음 해보는 혼자 사는 삶에도, 난생처음 해보는 가고시마 생
활에도 그럭저럭 적응하고. 100명이나 되는 의대 동기들과도 조금씩
친해졌다.

대학 2학년 2학기부터는 의대 전문 과정이 시작되었기 때문에 매
일 사쿠라가오카 의대 캠퍼스로 등교했다.

잊을 수 없는 건, 2학년 가을부터 시작된 '해부학' 강의다.

해부학은 인체 구조와 기능을 배우는 학문으로, 말 그대로 인체를 해부하며 배우는, 의사가 되기 위한 일종의 통과의례 같은 과정이다.

해부학 수업은 육안 해부학과 조직학으로 나뉘어 진행되었다. 인체를 해부하며 장기와 뼈, 근육 등을 배우는 육안 해부학, 그리고 다양한 장기를 현미경으로 들여다보며 익히는 조직학, 이 두 과목이 동시에 시작되면서 우리 의대생들은 여러모로 충격을 받았다.

처음에는 조직학 교수인 무라타 후사요시 교수님을 보고 놀랐다. 낮고 묵직한 목소리를 지닌 교수님은 보랏빛이 감도는 안경 너머로 학생들을 꿰뚫어 보는 듯한 날카로운 눈빛을 보내곤 했다.

"무라타 교수님은 무척 엄격해. 머리를 염색하면 학점을 잘 안 준다는 말도 있어."

사실 여부는 알 수 없었지만, 축구부 선배가 귀띔해 준 이 말을 듣고 나는 내심 거세게 반발했다.

의대 교수라는 사람이 설마 사람을 겉모습으로 판단하겠느냐고 생각한 나는, 금발머리를 한 채 일부러 맨 앞자리에 앉아 강의를 늘었다.

반항심으로 가득했던 내 마음과는 달리, 무라타 교수님의 수업은 놀라울 만큼 흥미로웠다. 강의실 앞 대형 스크린에는 분홍빛으로 물든 아름다운 현미경 사진들이 큼직하게 투사되었고, 그 위에 교수님이 붉은 펜으로 글씨를 쓰며 설명하면 그 내용이 실시간으로 화면에 반영되었다.

조직학 강의는 10과목도 넘는 기초의학 과목 중 단연코 가장 이해하기 쉬운 강의였다. 교토대학 대학원을 다닐 때도 그렇게 수준 높은 강의는 들어본 적이 없다.

　무라타 교수님은 어느새 내 이름을 기억하고 있었다. 언젠가 강의가 끝나기 5분 전쯤 참을 수 없을 만큼 급했던 나는 화장실에 가려고 살며시 일어났다. 그때 교수님은 "유지로, 조금만 참아! 이제 거의 끝났어!"라며 호통을 쳤다.

　반년 간의 강의가 끝나던 날, "유지로, 사람은 겉모습만 보고 판단할 수 없는 법이구나"라는 말을 들었을 때, 끝까지 금발머리를 고집했던 내 모습이 문득 부끄럽게 느껴졌다.

　육안 해부학 실습도 매우 인상 깊었다. 우리가 해부하게 된 시신은 '의학 발전을 위해' 자신의 몸을 기증하고, 심지어 기부금까지 남긴 분들이라고 들었다.

　처음 시신을 마주하고 메스를 댄 그날, "묵념"이라는 나카가와 시로 교수님의 구령에 맞춰 우리는 간절한 마음으로 기도했다.

　'죄송합니다. 그리고 저희가 잘 배울 수 있도록 도와주셔서 감사합니다. 최대한 조심스럽게 다루겠습니다'라고.

　그렇게 시작된 해부 실습은 매우 엄격했고, 외워야 할 양도 엄청났다. 전신의 장기, 뼈, 근육, 신경 이름을 일본어, 영어, 라틴어로 모두 암기해야 했다. 교수님의 시험도 까다로워 몇몇 친구는 낙제 점수를 받았다.

낮에 실습으로 지쳐 있어도, 우리는 밤늦게까지 공부했다. 시신을 기증해 주신 분과 그 유족의 마음을 생각하면, 허투루 넘길 수 없었기 때문이다. 그렇게 나는 조금씩, 정말 조금씩 의사가 될 준비를 해나 갔다.

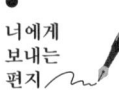

조금씩 의사가 될 준비를 하다

고정관념이나 상식 같은 것들이 싫었다. 그래서 나는, 의대에서 가장 무섭기로 소문난 교수님의 강의를 금발머리로 듣는 무모한 짓을 저질렀다. 누구보다 기준이 엄격한 사람이라면, 겉모습이 아니라 본질을 봐줄 거라고 믿었기 때문이다.

지금 생각해 보면 그저 철없는 젊은 날의 고집이었지만, 나는 나만의 방식, 즉 상식에 의문을 품는 나의 삶의 방식을 끝까지 밀고 나갔다. 자기만의 방식으로 살아가며 남들과 다른 길을 선택하고도 인정받기 위해서는 남들보다 더 많이 노력해야 했다.

그래서 나는 매번 맨 앞자리에 앉아 강의를 들었고, 누구보다 열심히 공부했다. 마지막에는 인정받은 것 같아 정말 기뻤다. 무엇보다도, 그런 내 고집을 끝까지 받아준 교수님께는 진심으로 감사하지 않을 수 없었다.

이 에세이가 신문에 게재되고 한 주일쯤 지나 무라타 교수님이 내가 근무하는 병원에 전화했다.

"유지로, 너 정말 기막힌 글을 썼더구나."

혼날 줄 알았는데, 교수님은 "그 덕에 지인들한테 전화 많이 받았지. 기분 좋았어!"라며 웃었다. "교수님, 그렇게 말씀하시니까 몸 둘 바를 모르겠어요"라고 조심스럽게 말하자, 교수님은 "너, 내 눈치 보지 않아도 되잖아?"라고 농담처럼 말했다.

아마도 교수님 마음속의 나는 여전히 금발의 시건방진 의대생이었을 것이다.

무라타 교수님은 그로부터 3개월 뒤인 2021년 3월 31일, 갑작스럽게 세상을 떠났다. 장례식장에는 내가 쓴 에세이가 걸려 있었다고 한다. 다시 한번 뵙고 싶었는데 영영 만날 수 없게 되었다.

중학생과 고등학생들이 내게 종종 이런 질문을 한다.

"남을 돕고 싶다는 고매한 정신 같은 게 딱히 없는데요. 저 같은 사람도 의대를 목표로 해도 될까요?"

그럴 때마다 나는 망설임 없이 대답한다.

"물론이죠."

왜 그렇게 말하는지 설명하자면, 결론은 이렇다. 의대에서 배우는 과정과, 이후 의사가 된 뒤 받는 수련 과정을 통해 충분히 책임감과 사명감을 기를 수 있기 때문이다.

의대 공부는 앞서 얘기했듯 정말 엄청나게 힘들다.

시신에 메스를 대서 100개가 넘는 부위로 분해하여 관찰하고, 직접 스케치하며 뼈와 근육, 신경의 이름을 모두 암기해야 한다. 시험 칠 때는 실물을 보고 그 이름을 정확히 말해야 한다. 공부량은 말 그대로 방대하고, 거기에 시험에 떨어지면 의사가 될 수 없다고 하는 극심한 압박감과도 싸워야 한다.

이후의 에세이에도 나오지만, 실질적인 교육은 그다음부터다. 실제 환자들과 접하면서, 질환과 그로 인해 고통받는 사람들의 삶을 배워간다. 뇌성마비 아동들만 모여 있는 시설을 방문하기도 하고, 자물쇠가 여러 개 걸린 폐쇄병동의 정신과 환자들과 대화를 나누기도 한다. 이야기를 나누다 보면 눈물을 흘리는 환자도 있고, 화를 내는 환자도 있다.

의과대학은 다른 학부와 달리 교육 과정이 6년이나 되는데, 그 과정을 지나며 우리는 의사로서의 자질을 조금씩 갖춰간다.

의대생이 되어 환자 앞에 서면, 다들 비슷한 감정을 느낀다. '아직 학생인 내가 미안하다'는 마음이다.

하루라도 빨리 제대로 된 의사가 되어 환자를 치료하고 싶지만, 아직은 공부 중인 몸이고, 의사 면허도 없기 때문에 실제 치료는 할 수 없다. 그런 답답함을 의대생은 몇 년이고 견뎌야 한다.

그리고 또 하나, 모두가 반드시 떠올리는 것이 있다. '만약 부모님이나 애인이 이 병에 걸린다면 어쩌지?'라는 생각이다.

이상하게도 걱정되는 것은 정작 내 몸이 아니다. 가장 소중한 누군가가 병에 걸리면 어떻게든 돕고 싶다는 마음이 저절로 일어난다. 의대 교육은 바로 그런 마음을 일깨우는 과정이기도 하다. 그리고 의사에게 가장 중요한 것도 바로 그 마음이다.

그러니 너무 걱정하지 않아도 된다. 처음부터 대단한 사명감이 없어도, 누구나 결국 그런 마음을 품은 의사가 되어갈 테니까.

아무것도 할 수 없기에
가능한 일

임상실습 현장에서

▞ 처음 입어본 흰 가운

2005년 4월, 가고시마대학 의학부 5학년이 된 나는 태어나 처음으로 흰 가운을 입고 병원으로 들어갔다.

임상실습이 시작된 것이다.

축구부 활동 탓에 피부가 햇볕에 그을렸지만, '케이시'라 불리는, 반소매에 길이가 짧은 흰 가운은 생각보다 잘 어울렸다. 누가 봐도 '딱 의대생이다' 싶은 모습이었다.

처음으로 구매한 2만 엔짜리 청진기도 그날 지급되었다. 청진기를 귀에 갖다 대자, 마치 심해로 빠져드는 듯한 고요함에 휩싸였다.

티셔츠 밑으로 조심스레 청진기를 가져다 댔다. 둥둥, 축제날 밤에 들려오는 북소리처럼 낮고 묵직한 심장 소리가 귓가를 울렸다. 그 소리는 신비롭기보다는 생명력이 넘치는 힘찬 소리였다.

'아, 드디어 나도 의사가 되는구나.'

우리 의대생은 네 명씩 한 조가 되어 내과와 외과를 비롯한 스무 개가 넘는 진료과를 2~4주씩 돌아가며 실습했다.

처음 실습한 곳은 지금도 잊을 수 없는 기리시마재활센터였다. 재활의학과 실습은 그곳에서 2주간 합숙하며 진행되었다.

대학병원을 벗어나 낯선 곳으로 첫 실습을 나간다는 사실에 당황스럽고 긴장도 되었다. 학생들은 환자 한 명을 전담해 하루 종일 함께 움직이며 재활 과정을 지켜보았다. 내가 담당한 환자는 뇌경색으로 오른쪽 팔다리가 마비되어 움직이는 데 어려움을 겪는 여성분이었다.

아침부터 저녁까지, 나는 줄곧 그분과 함께 있었다. 첫날 오전에 병의 경과와 입원하고 나서 지금까지 있었던 일을 묻고 나니, 그다음엔 어떤 이야기를 꺼내야 할지 막막했다.

나는 의학을 아주 조금 배웠을 뿐, 할 줄 아는 게 하나도 없는 스물네 살 철부지 대학생이었다. 환자 입장에서는 정체를 알 수 없는 나 같은 학생을 상대하기 귀찮았을 텐데도 그분은 나에게 많은 이야기를 들려주었다.

수십 년 동안 미용사로 일해온 이야기며, 남편 이야기, 뇌경색을 겪은 그날 이야기와 손주 이야기. 다시 가위를 들고 일하고 싶다는 바람까지도.

그 이야기를 들으며, 문득 친할머니가 떠올랐다. 할머니도 병상에서 누군가에게 이런 이야기를 하고 계실지도 모른다고 생각하면서 나는 온 마음을 다해 귀 기울였다. 그리고 이것저것을 물어보았다.

2주간의 실습이 끝나는 날, 환자분은 내게 작은 상자 하나를 건넸다. 그 안에는 병원 매점에서 파는 플라스틱 컵이 들어 있었다.

"2주 동안 정말 고마웠어요. 좋은 의사가 되길 바랄게요."

그 말을 들으면서도, 나는 끝내 그분의 얼굴을 똑바로 쳐다볼 수가 없었다.

나의 임상실습은 그렇게 시작되었다.

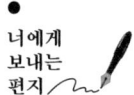
진심으로
상대의 마음을 생각한다는 것

흔히 남에게 상냥하게 대하라고들 한다. 그런데 그 상냥함이란 말은 뭘 의미하는 걸까? 폭신한 이불, 복슬복슬한 판다 인형, 어머니의 따뜻한 품 같은 걸 생각하면, 자연스레 부드럽고 따뜻한 이미지가 떠오른다.

나는 살아가는 데 가장 중요한 것, 그건 바로 따뜻한 마음을 품는 일이라고 생각한다. 그리고 그 마음의 중심에는 '상대의 마음을 진심으로 헤아리려는' 상냥한 태도가 있어야 한다.

물론 웃는 얼굴로 다정하게 말을 건네거나, 상처받은 사람의 등을 조용히 토닥이는 행동도 상냥함의 표현이 될 수 있다.

하지만 그런 행동은 어디까지나 표면적인 표현일 뿐이다. 그 안에 진심이 없다면, 도리어 어긋나거나 상처로 남을 수도 있다.

겉으로만 상대의 마음을 생각하는 척하는 사람은 의외로 많다. 나도 가끔 그럴 때가 있다. 상대의 마음을 진심으로 헤아리려는 태도에서 포인트는 '진심으로'다.

그렇다면 진심으로 생각한다는 게 뭘까? 정답은 의외로 단순하다. '내가 그 사람이었다면 어떻게 느낄까?' 하고 마음속으로 조용히 상상해 보는 것이다. 내가 그 친구였다면, 어떤 말을 듣고 싶을까? 아니면, 그냥 조용히 내버려두기를 원할까?

이걸 가슴이 시릴 만큼, 숨이 조여올 만큼 진지하게 생각해 보는 것. 그게 바로 진짜 '상냥함'이다. 그리고 그 끝에, 아무 말도 하지 않는 선택을 할 수도 있다. 말없이 조용히 곁에 있는 것도 상냥함의 표현일 수 있다.

물론 친구와 나는 다른 사람이다. 같은 상황에서도 전혀 다르게 느낄 수 있다. 하지만 마음을 다해 고민하고, 신중하게 상상해 본다면, 대부분은 상대의 마음을 알 수 있게 된다. 설령 조금 빗나가더라도, 진심으로 생각한 그 마음은 결국 전해진다.

진심으로 생각해 준 사람에게는, 그 마음만으로도 따뜻함이 느껴진다. 혼자가 아니라는 느낌이 든다. 사람이란 원래 그런 존재다.

그런가 하면, 얄팍하게 혹은 무심코 상대를 생각한 결과가 선의의 강요가 되어버리거나 단지 자기만족으로 끝나버리기도 한다.

곰곰이 생각한 끝에 말을 걸지 않고 모른 척하기로 한 경우는 상대를 전혀 생각하지 않은 듯 연기해야 할 때도 있다. 그게 바로 진심으로 생각하는 것이다.

그저 듣는 것밖에 할 수 없었지만

지금까지 18년 넘게 의사로 일하며 수많은 사람을 만났다. 그때마다 나는 상대를 진심으로 대하려고 노력했다.

그 결과 알게 된 것은, 인간이라는 존재는 생각보다 훨씬 다양하며,

사람마다 사고방식이 전혀 다르다는 사실이다. 알몸을 보이느니 차라리 죽는 게 낫다고 여기는 사람이 있는가 하면, 어떤 아픔도 견디며 하루라도 더 살고 싶어 하는 사람도 있다.

그러니 타인도 나처럼 느끼고 생각할 거라고 지레짐작해서는 안 된다. 다시 말해, 상냥함이란 자신과는 다른, 상대의 마음을 존중하고, 있는 그대로의 감정과 방식까지 상상해 보는 태도라고 할 수 있다.

잘난 척 말하기는 했으나 앞서 언급한 재활센터에서도 나는 환자를 진심으로 대한 것은 아니었다. 멀리 가나가와에 계신 할머니가 떠올라 상냥하게 대해주고 싶은 마음이 들었을 뿐이었다고 하는 편이 더 맞을 듯하다. 하지만 실습이 계속되면서 나는 그분을 진심으로 생각하게 되었고, 어떻게 하면 몸이 더 좋아질지 마음속 깊이 고민하게 되었다. 의대생에 지나지 않았던 내가 할 수 있는 일이란 없었다. 그래서 내가 할 수 있는 일이 뭘까 곰곰이 생각하다 결론을 내린 게 '많은 얘기를 나누는 것'이었다.

그때 나는 너무 어렸고, 아무런 능력도 없었다.

하지만 그 환자분과 많은 이야기를 나눈 덕에, 나는 상냥함의 정체를 조금 알게 되었다. 그 뒤로도 나는 환자 한 분 한 분을 만날 때도, 그리고 환자뿐만 아니라 새로운 친구 만날 때도 항상 진심으로 상대를 대하려고 노력하고 있다. 늘 잘 되는 것은 아니지만.

9

인생 여정을 마치는
그날을 생각하자

∷ 의학, 축구, 고구마 소주

가고시마대 의대 2학년 2학기, 해부학 실습이라는 강렬한 세례를 받고, 나는 조금 의대생다워졌다. 대학 3학년이 되면서부터는 가고시마 생활에도 제법 익숙해졌다. 7명 정도가 낙제했을 만큼 힘겨웠던 해부학 강의가 끝나고 나자, 90명 남짓한 동기들과도 어느새 묘한 연대감 같은 것이 생겨나기 시작했다.

강의도 달라졌다. 1학기에는 생리학, 면역학 같은 기초의학 과목이 주를 이뤘지만, 가을이 되자 내과학, 소아과학, 피부과학처럼 병원 간판에서 본 적 있는 익숙한 이름들이 하나둘 등장하기 시작했다. 드디어 의사가 될 준비를 하는구나, 하는 생각이 들어 기분이 좋았다.

그 무렵, 나는 축구부 활동에 푹 빠져 있었다. 일주일에 다섯 번, 강의가 끝나자마자 운동장으로 달려가 3시간가량 땀을 흘렸다. 운동이 끝나면 후배들을 차에 태우고 저녁을 먹으러 갔다. 밥을 먹고는 내가 살던 기샤바에서 도보 3분 거리에 있는 돈구리요코쵸라는 학생 술집 골목으로 갔다. 그곳에 가면 대개 누군가가 술을 마시고 있었다.

나처럼 삼수한, 미야자키니시고등학교 출신 미나토(현재는 소화기내과 의사)나 축구부 스에나가 선배(순환기내과 의사)나 다모츠 선배(치과 개업의) 등등 누군가는 그곳에 있었다. 그럴 땐 동아리나 학년에 상관없이 후배들을 불러내 그냥 무작정 마셔댔다.

그 시절 자주 드나들던 술집을 일일이 다 꼽자면 끝이 없다.

집 근처에는 소면볶음이 중독될 만큼 맛있던 '모모조'가 있었고, 들어서기만 해도 왠지 좋은 일이 생길 것 같던 '샤라쿠'도 있었다. 학생들을 친자식처럼 챙기는 아주머니가 운영하던 '사보리'가 있었고, 친구가 일하던 '하나비'도 있었다.

그렇게 매일같이 술을 마시면서도 내가 가장 좋아했던 술은 고구마 소주인 쿠로이사니시키였다. 기샤바의 술집엔 웬만하면 이 술이 있었기 때문에 나는 늘 쿠로이사니시키만 마셨다. 미타케만큼 향이 강하지 않으면서도 쿠로키리시마보다는 맛이 분명해서, 아무튼 나는 이 술이 제일 맛있다며 홀짝홀짝 마셔댔다.

한동안 내 메일 주소는 'kuroisaorock@······'이었다. 쿠로이사니시키를 얼음 잔에 부어 마시던, 그 시절의 허세가 담겨 있었다.

그토록 오랜 시간, 우리는 술집에서 대체 무슨 이야기를 나눴던 걸까.

앞으로 어떤 과 의사가 될지, 동아리 활동을 어떻게 하면 더 재미있게 할 수 있을지, 그리고 각자의 사랑은 어디로 향하고 있는지 등등 그때 나눴던 이야기 중에는 지금도 기억에 남는 것들이 많다.

후배가 만들어준 쿠로이사니시키 전용 잔에 담긴 얼음이 뜨거운 남국의 밤공기 속에서 금세 녹아내리던 그 여름밤에 누군가가 취해 쓰러져도, 우리는 멈추지 않고 이야기꽃을 피웠다. 의학, 스포츠, 사랑, 그 모든 것에 에너지가 넘쳐흘렀던 그 시절이 내 인생의 절정이었다고, 그 누구도 쉽게 말하지는 못할 것이다.

학창 시절, 특히 중학생, 고등학생, 대학생으로 이어지는, 이른 바 '청춘기'를 살아가는 동안에는 그 시기가 끝없이 길고, 마치 영원할 것처럼 느껴진다. 하지만 사실 이 시기는 인생 전체의 13% 정도에 지나지 않는다. 급행열차가 작은 간이역을 순식간에 지나쳐버리듯, 인생의 한순간에 불과한 시간이다.

세상 물정 모르는 유년기부터 사춘기 직전의 초등학생은 부모가 이끄는 대로 살아가기 마련이라서 아직 진정한 '자기 삶'이라고 하긴 어렵다.

반면, 대학을 졸업하고 사회인이 되면 학생 때보다 훨씬 더 엄중한 책임과 정해진 일상에 얽매여, 일주일 남짓한 여름휴가와 겨울휴가를 제외하면 대부분의 시간을 일에 쏟아붓는 삶을 살게 된다. 결혼해 가정을 꾸리기라도 하면, 해야 할 일은 더 늘어나, 자기만의 시간을 갖기는 한층 더 어려워진다.

그러니까 좋아하는 책을 읽거나 그림을 그리거나 하고 싶은 스포츠에 몰두하거나 사랑에 빠진 이성을 몇 시간이고 떠올릴 수 있는 그런 시간은 사실 학생 시절의 몇 년, 길어도 10년 남짓밖에 되지 않는다.

이 시기에는 대부분 몸에 힘이 넘치고, 머리도 잘 돌아가며, 비록 돈은 없지만 행동력 하나만큼은 뛰어나 어떤 일이든 해낼 수 있다.

학교 선생님이나 부모님에게 꾸중만 듣고, 자유라고는 없는 것처럼 느껴질 수도 있지만, 사실 인생에서 가장 자유로운 시간이다.

이 학생 시절에 무엇을 하느냐가 나는 꽤 중요하다고 생각한다. 뭐든 좋다. 그저 무언가에 '몰두'해 줬으면 한다. 동아리 활동이든, 좋아하는 아이돌이든, 독서든, 영상이든, 연애든, 공부든 뭐든 상관없다. 몰두한 결과가 꼭 나오지 않아도 된다. 오히려 뜻밖에 멋진 결과가 나와버린 탓에, 어른이 되어서도 그에 매달려 살아가는 안타까운 사람도 적지 않다.

무엇이든 좋으니, 그저 무언가에 몰두하는 거다. 진짜 좋아해서, 그것을 하는 동안은 시간 가는 줄도 모를 만큼 빠져들 수 있는 무언가 말이다.

그렇게 열중했던 추억은 네 마음 깊숙한 곳, 열쇠로 잠긴 방 맨 안쪽 액자 속에 소중히 간직될 것이다. 그리고 그 추억은 청춘 시절에 비하면 다소 무미건조하게 느껴질지도 모를 긴 세월을 꿋꿋이 견뎌내게 해주는 든든한 버팀목이 되어줄 것이다.

나는 지금도 자주 그 시절을 떠올린다.

대학 시절을 보낸 가고시마의, 섭씨 38도가 넘는 타는 듯 더운 날, 화산재가 섞인 운동장에서 골키퍼 시카다 선배가 공을 찼을 때 일어난 모래 먼지. 대회에 출전하기 위해 갔던 후쿠오카의 낡고 지저분한 숙소에서 몸은 이미 녹초였지만, 밤늦게까지 선배들의 유니폼을 빨았던 일. 모두 하나 되어 싸웠던 경기에서 믿기지 않을 만큼 참패하고, 경기 후에 울었던 기억.

신기하게도 자꾸 떠오르는 건 언제나 힘들었던 순간들이다. 지나고 나면, 고통스러웠던 날들이 오히려 더 아름답게 보인다고들 하는데, 정말 그런 것 같다.

삶의 방향을 묻는 마법의 질문

나는 운이 좋았다. 축구나 밴드처럼 마음을 다해 몰두할 수 있는 무언가를 비교적 빨리 찾았기 때문이다. 다만 지금 돌아보면, 눈앞에 있는 것이라면 무엇이든 일단 열중해 보는 성격이었을지도 모르겠다.

열중할 만한 일을 아직 찾지 못했다면? 그럴 때는 이 질문에 답해보길 권한다.

"내년 이맘때 죽는다고 한다면, 지금 무슨 일을 하겠는가?"

이 질문을 던지면, 가슴 깊은 곳에서 무언가가 떠오를 것이다. 나도 이 마법 같은 질문을 자주 자신에게 던지며, 지금 내 열정이 향하는 곳이 어디인지 다시 확인하고, 그 방향으로 궤도를 수정해 왔다.

만약 이 질문에도 아무 감흥이 없다면, 다음 질문들에 차례로 답해보면 된다.

"내년에 시력을 잃게 된다면, 올해 어디서 뭘 보고 싶니?"

"내년에 밖에 못 나가게 된다면, 올해 어디에 가고 싶니?"

"내년에 아무것도 못 먹게 된다면, 뭐 먹고 싶니?"

"내년에 누구와도 만날 수 없게 된다면, 올해 꼭 만나고 싶은 사람은 누구니?"

이 질문들에 대한 답을 통해, 당신이 진심으로 보고 싶은 것, 가고 싶은 곳, 먹고 싶은 것, 만나고 싶은 사람이 분명히 드러날 것이다.

너는 어쩌면 아직 생각해 본 적이 없을지 모르지만, 사실 사람은 누구나 다 죽는다. 이 책을 쓰고 있는 나도 언젠가 죽을 것이고, 이 글을 읽고 있는 너 또한 반드시 언젠가 죽을 것이다.

그러니 '인생의 마감날'이 찾아오기 전에, 하고 싶은 일을 해두어야 한다. 나는 그렇게 생각했고, 그래서 이 책을 쓰기 시작했다. 하고 싶은 말을 전하기도 전에 죽으면, 아무것도 남길 수 없으니까.

10

지금 하고 싶은 일을
정말 하고 있어?

암 환자가 던진 질문

■■ 평생 잊을 수 없는 '패배'

2006년 5월, 나는 평생 잊지 못할 '패배'를 했다.

중학교 2학년부터 축구부에 들어간 나는 골키퍼라는, 그 커다란 골문을 지키는 포지션을 맡았다. 중학교 1학년이 아니라 2학년부터 축구부를 시작한 이유는, 처음엔 육상부에 들어갔기 때문이다.

초등학생 시절, 병적으로 안전을 중시하던 아버지는 내게 '자전거 금지령'을 내렸다. 그 때문에 나는 자전거를 가질 수 없었다. 친구들과 먼 곳에 갈 때면 다들 자전거를 타고 가는데 나는 혼자 뛰어서 따라가야만 했다. 요코하마 외곽에 있던 우리 동네의 드넓은 논밭 사이도, 니콘 공장 앞도, 스미토모 중공업의 공장 건물 사이도, 전부 내 두 다리로 달렸다.

물론 자전거 속도를 따라갈 수는 없었다. 수치스럽고 분했지만, '기어이 따라잡고 말 거야'라는 마음으로 필사적으로 달렸다. 그 결과 나는 발이 빨라졌고, 계주 선수로도 선발되었다. 중학교에 들어가서도 그 흐름대로 육상부에 들어갔다.

하지만 육상부에는 이미 어른처럼 몸집이 큰 동급생들이 여럿 있어, 이길 승산이 없었다.

그 무렵 일본에는 프로축구 리그인 J리그가 출범했다. 황금 시간대마다 경기가 중계되면서 온 나라가 축구 열기로 들끓었다. 그중에서도 내 시선을 사로잡은 것은 축구에서 유일하게 손을 써서 골을 막는 포지션, 골키퍼였다. 가볍게 몸을 날려 슛을 막아내는 그 모습에 마음을 빼앗긴 나는, 결국 축구부로 전향했다. 내가 다닌 학교는 진학 중심의 학교였다. 훈련 시간도 짧았고, 부원들 역시 다소 나약해 보였다. 그래서 팀은 전반적으로 약한 편이었다.

가고시마대학에 들어가서도 나는 의대 축구부에 들어갔고, 그 뒤로 6년 내내 골키퍼를 맡았다.

축구부 훈련은 혹독했다. 일주일에 다섯 번이나 훈련이 있었고, 주말에는 자주 시합이 열렸다. 지각은 절대 금지였고, 만약 지각하면 훈련 내내 운동장을 계속 뛰어야 했다.

내 생활의 거의 모든 게 축구로 채워져 있었다.

의사가 되는데, 무슨 의미가 있길래 축구를 그렇게 열심히 했느냐고? 의미 따윈 없다. 축구선수가 될 것도 아닌데도 우리는 그저 필사적으로 공을 쫓았다.

나의 11년 축구 인생의 집대성이라고 해야 할 마지막 무대가 찾아왔다. 규슈·야마구치 의대생 체육대회가 가고시마에서 열린 것이다. 우리는 몇백 번이나 우승을 기원하며 연습에 몰두했다. 팀의 마무리는 꽤 좋았다.

1회전 상대는 오이타대학. 강팀은 아니었다. 경기장에는 많은 동기와 후배가 응원하러 나왔다.

하지만 전반전, 믿을 수 없는 실수로 실점을 했고, 끝내 한 골도 만회하지 못한 채 경기는 종료되었다. 믿기지 않는 1회전 탈락이었다.

어찌할 수 없을 만큼 철저히 졌다. 그 후의 일은 전혀 기억나지 않는다.

의사가 되고 나서야, 비로소 알게 되었다.

의미 없는 일을 열심히 하는 것도 의미가 있다는 것을.

푹푹 찌는 더운 날, 모래 먼지가 이는 운동장에서 몸을 날려 공을 막고. 분하다며 우는 후배의 등을 조용히 토닥이던 손길.

그 모든 기억이 지금도 내 마음속에 무엇과도 바꿀 수 없는 보물처럼 소중히 간직되어 있다.

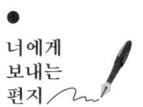
의미 없는 일에
몰두했던 시간

앞서 나는 무엇이든 좋으니 무언가에 열중해 보라고 했다. 이번에는 그 이야기를 조금 더 깊이 생각해 보려 한다.

네가 선택한 '무언가'가 앞으로의 인생에 어떤 의미를 가질 수 있을까에 대한 이야기다. 내 경우에는 그 대상이 축구였다. 나는 축구선수가 될 생각은 없었다. 생각이 있었다 해도, 실제로 될 수도 없었을 것이다.

그러니까 중학교, 고등학교, 대학교를 거쳐 무려 11년 동안 일주일에 5일이나 축구에 매달렸던 건, 어쩌면 거대한 시간 낭비처럼 보일지도 모른다. 얻은 것이 있다면, 기껏해야 몸이 조금 단단해졌을까 싶은 정도다.

하지만 사실 나는 체력이 좋은 편이 아니다. 운동하지 않은 사람보다도 자주 감기에 걸린다. 그런 점에서 보면, 축구로 몸을 단련했다는 의미조차 별로 없었을지도 모른다.

그런데도 나는 축구에 푹 빠져 있었다. 학생 시절에는 그저 재미로 했던 일이지만, 어른이 된 지금 돌아보면 '의미 없어 보였던 일에 몰두했던 시간'이 내게 두 가지 중요한 의미를 남겼다.

하나는, 무언가에 온 힘을 다해 도전한 경험이 반복되며 내 몸에 좋은 습관처럼 새겨졌다는 점이다. 작은 대회에서 우승하고 싶다든가 강팀을 꺾고 싶다든가, 목표는 다양했지만, 그때마다 나는 모든 힘을 쏟아부었다.

그 결과, 성공도 실패도 맛보았다. 성공은 내게 강한 자신감을 안겨주었다. 마음만 먹으면 목표에 도달할 수 있다는 자신감 말이다.

이 자신감은 내가 외과 의사가 되겠다고 결심했을 때도, 처음 책을 쓰고 출판을 꿈꾸었을 때도, 그리고 소설을 써 세상에 내놓겠다고 마음먹었을 때도 큰 힘이 되어주었다. 그 자신감 덕분에 나는 서른셋에 내가 쓴 책을 세상에 내놓겠다는 무모한 시도를 할 수 있었다.

물론 도전하는 과정에서는 온 힘을 다 쏟았음에도 뜻대로 되지 않아 괴로웠던 경험도 있었다.

나는 그런 경험이 '인생에 대한 달관'으로 이어진다고 생각한다. 달관이란 "아, 인생이란 게 내 뜻대로 되지 않는구나" 하고 깨닫는 경지에 이르는 것이다.

이것은 결코 부정적인 것이 아니다. 오히려 '회복탄력성'이라 부를 만한, 다시 일어서는 힘이다. 강한 바람이 불어도 뚝 부러지지 않고, 휘어졌다가 바람이 멈추면 다시 본래 모습으로 돌아오는 그런 마음을 만들어준다.

센 바람이 불어도 꺾이지 않고 휘어졌다가 다시 제자리로 돌아오는 나무처럼, 그런 마음의 힘을 기를 수 있는 것이다.

나는 앞서 성공과 실패를 모두 겪었다고 했지만, 사실 '실패'라 생각하지 않는다. 결과적으로 잘 안됐던 일이 있었을 뿐, 나는 그 경험을 온몸으로 받아들였고, 그로 인해 내 마음은 더 유연하고 끈질기게 단련되었다.

서른세 살 때, 책을 내보려고 10곳도 넘는 출판사 문을 두드렸으나 모두 거절당했다.

그러다 우연히 한 편집자를 만났다. 자신의 남동생이 나와 같은 고등학교 출신이라고 했던 그 편집자는 이렇게 말했다.

"일단 한 권 분량을 써보세요. 출판을 보장할 수는 없지만요."

나는 1년 동안 책을 썼고, 그는 그것을 끝까지 읽어 주었다. 그러나 반년을 기다린 끝에 돌아온 대답은 결국 '출판 불가'였다.

아마 100명 중 99명 정도는 여기서 그만뒀을 것이다. 하지만 나는 포기하지 않았다.

그로부터 5년 후, 이번에는 소설을 써보겠다고 마음먹었다. 이번엔 편집자가 원고를 봐주기로 약속했다. 하지만 아무리 써도 퇴짜만 맞았다. 그 편집자(겐토샤 출판사 고기타 준코 씨)가 내게 보낸 메일에는 이렇게 적혀 있었다.

"주인공도 별 매력이 없고 글도 재미가 없다. 무슨 말을 하고 싶은 건지 그 의도도 모르겠고 소설이 마치 문학적 표현 놀이를 하는 것 같다."

이런 메일을 받고도 계속 글을 쓸 수 있는 멘탈을 가진 사람은 많지 않을 것이다. 나 역시 한 달간 풀이 죽어 있었다. 하지만 나는 다시 마음을 다잡고, 또다시 처음부터 소설을 썼다.

결과는 또다시 탈락. 그때도 또 한 달을 낙심 속에 보냈다. 그리고 다시, 세 번째 소설을 완성했다. 그 소설은 마침내 출판의 벽을 넘었다. 그 책은 세상에 나와 드라마로 만들어졌고, 시리즈로 이어지며 지금은 누계 70만 부가 넘는 베스트셀러가 되었다.

우리는 새로운 공부에 도전하고, 새로운 일에 뛰어들며, 새로운 땅으로 삶의 터전을 옮기기도 한다. 그 모든 도전을 가능하게 하는 힘은, 한때는 아무런 의미도 없어 보였지만 묵묵히, 열심히 해냈던 그 시간들 속에서 조금씩 길러진다.

정말 하고 있어요? 정말로?

이 이야기를 편집자에게 했더니, 그는 말했다.

"나카야마 씨가 소설에 보이는 열정은 '회복탄력성'이라는 말로는 도저히 설명할 수 없어요. 병적인 집념에 가깝죠. 도대체 어떻게 그런 열정을 유지할 수 있는 건가요?"

솔직히 고백하자면, 내가 처음 쓴 책 『행복한 죽음을 맞이하기 위해 하루라도 빨리 당신에게 전하고 싶은 이야기』를 출간했을 무렵, 나는 야마시타 히로코라는 한 여자와 친구가 되었다. 그녀는 당시 스물세 살이었다.

그녀는 열아홉 살에 간암 진단을 받았으나 죽음을 앞두고 수술을 받아 가까스로 생명을 건진 후 항암 치료를 이어가고 있었다. 나는 히로코와 뜻이 잘 맞았다.

우리는 친구들과 함께 후지산에 올라가기도 하고 연애 상담을 하기도 하고(대개는 내가 고민을 털어놓는 쪽이었다), 함께 밥을 먹기도 했다. 서로 오빠, 동생이라고 부르긴 했으나 연인 사이로 발전하지는 않았다. 그냥 대화가 잘 통했을 뿐이다.

시간이 흐르면서 히로코의 병세는 점점 악화되었다. 통증과 고통에 울먹이며 전화를 걸어온 일이 한두 번이 아니었다.

어느 날 히로코는 내 책, 바로 그 첫 번째 에세이를 읽고 전화로 이렇게 말했다.

"이 책엔 '내년에 죽는다고 생각하고 지금 하고 싶은 걸 하라'고 써 있는데, 지로유(그녀는 그때 나를 이렇게 불렀다)는 지금 정말 그걸 하고 있어요? 응, 정말로?"

"무슨 소리 하는 거야? 하고 있지"라고 나는 무심코 대답했다.

하지만 병마와 싸우고 있는 히로코에게 그런 말을 들으니, "그래도 다시 한번 생각해 볼게"라고 말하지 않을 수 없었다.

그 후 나는 2주간 진지하게 고민했다. 삼십여 년을 살아왔고, 의사가 되었고, 그렇게 원하던 책도 냈다. 그런데 만약 내년에 죽는다면 지금 꼭 하고 싶은 일은 무엇일까. 자신에게 묻고 또 물었다.

그랬더니 내 마음속 깊은 곳, 가장 깊은 곳에서 솟아오른 게 소설을 쓰고 싶다는 것이었다.

나는 솔직히 놀랐다. 그도 그럴 것이 그런 생각은 한 번도 해본 적이 없기 때문이다. 소아과 의사가 되고 싶다거나, 해외에 나가고 싶다거나, 그런 것을 떠올릴 줄 알았다.

소설가가 된 지금, 잡지 인터뷰 같은 자리에서 종종 이런 질문을 받는다.

"소설은 왜 쓰는 거예요?"

하지만 나는 딱히 할 말이 없다. "소설을 쓰고 싶으니까"라고밖에 대답할 수 없기 때문이다. 숨이 막히면 숨을 쉬고, 배가 고프면 밥을 먹듯, 나에게 소설을 쓰는 일은 그런 원초적인 욕구에 가깝다.

그래서 겐토샤의 고기타 준코 편집자에게 처절하게 혹평을 받았음에도 나는 포기하지 않고 계속해서 써나갔던 것이다. 죽기 전에 써야 해! 서두르지 않으면 나는 죽고 말 거야! 그런 절박함이 내게 있었다. 남들 눈엔 '병적인 집념'으로 비쳤을지도 모르지만.

그리고 내가 소설을 쓰는 또 하나의 이유는, 야마시타 히로코에 대한 고마움이다. 그녀는 세상을 떠났지만, 내가 여전히 글을 쓰고 있는 이유는 그녀가 그렇게 말해주었고, 그 덕에 진지하게 자신에게 물어보았기 때문이다.

덧붙이자면, 내 소설에 등장하는 젊은 암 환자 '무카이 아오이(向日葵)'는 히로코를 모델로 한 인물이다. 그녀에게는 해바라기가 정말 잘 어울렸기 때문에 '해바라기'라는 뜻의 한자(向日葵)를 그대로 이름에 사용했다.

PART 2

진정한 도약을
꿈꾼다면

의사국가시험에 도전하다

인생의
문을 여는
열쇠

너는
왜 일하지?

천직을 발견하는 유일한 방법

▪▪ 흰 가운 너머의 진실한 순간들

2005년 가고시마대학 의학부 5학년이 된 나는 병원 실습을 나가게 되었다. 그동안 교재로만 공부해오던 내용을 마침내 의료 현장에서 직접 배우게 된 것이다. 지금은 없는 기리시마재활센터에서 시작된 병원 실습은 약 1년 반 동안 이어졌다.

실습 과정은 내과와 외과가 각각 4주로 가장 길었고, 그 외 진료과는 대부분 2주씩이었다. 나는 익숙하지 않은 흰 가운을 입고 청진기를 주머니에 꽂은 채, 네 명으로 구성된 조원들과 함께 정해진 실습 장소로 향했다. 아침 7시에 모이는 진료과도 있었지만 대부분 9시쯤에 모였다.

그 무렵 내가 관심을 가졌던 분야는 산부인과, 외과, 소아과, 정신과였다. 하지만 실제로 실습을 해보니, 이전에 가지고 있던 이미지와는 크게 달랐다.

산부인과 실습 중에는 학생들도 병원에 숙직하며, 한밤중에 있는 분만 장면을 견학했다. 키가 크고 아름다웠던 여의사가, 난생처음 출산 장면을 보고 눈시울이 붉어진 우리에게 이렇게 말했다.

"산부인과, 정말 좋지 않나요? 병원에서 진심으로 축하한다고 말할 수 있는 곳은 산부인과가 유일해요."

그 말은 지금도 선명하게 기억에 남아 있다.

확실히 그럴지도 모른다. 병원이란, 평소보다 더 아프거나 사회가 기대하는 만큼의 기능을 하지 못하는 사람들이 모이는 곳이다. 그렇기에 그들이 다시 일상으로 돌아간다 해도 진심으로 축하한다고 말하기는 쉽지 않다.

산부인과 실습을 통해 나는 그 분야에 깊은 흥미를 갖게 되었다.

산부인과 실습이 끝나고 내과 차례가 되자 학생들 사이에서 전설적인 존재였던 오사메 미츠히로 교수님이 직접 운전해 학생들을 실습 병원까지 데려다주었다. 교수님이 운전하는 차 조수석에 앉게 되었을 때, 나는 온몸이 굳어버릴 만큼 긴장됐다. 교수실에서는 직접 그린 사쿠라지마 야경 그림을 보여주었다. 짙푸른 색감의 아름다움에 나도 모르게 "오, 정말 예쁘다. 사진 같네!" 하고 중얼거렸더니, 교수님이 "사진으로는 이 색이 안 나와"라고 말했다. 그 말을 듣고, 부족한 자신의 어휘력이 부끄럽게 느껴졌다.

이처럼 아름답고 따뜻한 기억도 있었지만, 불쾌했던 적도 있었다.

한번은 호흡기내과 중년 의사 두 명과 병원 식당에서 식사를 하게 되었는데, 유부초밥을 먹던 뚱뚱한 의사가 갑자기 나에게 "야, 너 내 유부초밥 좀 먹어라" 하며 먹던 걸 내밀었다. 그 무례함에 순간 화가 치밀어 주먹을 날릴 뻔했다.

지금 생각해 보면, 정말 그때 주먹을 날렸어야 했다. 나중에 확인해 보니, 그는 이미 대학병원을 떠난 상태였다.

소아과 실습 때는 지금의 나와 비슷한 마흔 살 전후일까, 고지식해 보이는 마른 체격의 지도 의사가 따라붙었다. 소아과는 나이도 차지 않은 어린아이가 중한 질환으로 장기 입원을 하는 힘든 현장이었다. 그런데 우리 학생을 지도한 지도 의사가 보통 깐깐한 게 아니었다.

"수치는 확인했어?"

"왜 그렇게 생각한 거야?"

"스스로 생각해 봐야지."

그는 늘 이런 식으로 말했다. 그때 '혈중 농도를 체크할 필요가 있는 약'에 대해 배웠는데, 이것은 훗날 의사국가시험에 나왔다.

정신과는 대학병원뿐 아니라 여러 시설을 직접 둘러보며 실습했다. 사람의 마음 구조를 알고 싶다는 학문적 흥미는 있었지만, 정신과 분위기에는 쉽게 녹아들지 못했다. 내가 이곳에서 일하게 된다면 어떤

지 겉돌 것 같다는 생각이 들었다.

　마지막으로 배정된 소화기외과에서는 축구부 선배 의사가 우리의 질문에 직접 대답해 주고, 수술 장면도 아주 자세히 설명해 주었다. 학회가 주최한 긴코만 크루즈에서는 해외 의사들과 함께 술을 마시기도 했는데, 그 에너지 넘치는 분위기와 열기는 최고였다.

　그때 나는 마음을 굳혔다. 외과 의사가 되겠다고.

　지금도 마음에 걸리는 건 안과 실습이다. 그 시기 나는 정신적으로 불안정하고 의욕마저 잃어, 실습에 거의 참여하지 못했다. 그러다 담당 교수가 나를 유급시키겠다는 말을 친구를 통해 듣고 전전긍긍했지만, 다행히도 교수님은 나를 진급시켜 주었다. 감사하면서도 한편으로는 죄송할 따름이다.

어떤 직업을 선택할 것인가. 이것은 인생에서 매우 중요하다.

사람들 대부분은 20대부터 65세 정년까지 40년 이상을 일하며 보낸다. 늘 불만을 품은 채 일할 것인가, 아니면 이 일이 내게 주어진 일이라고 믿으며 일할 것인가.

지금은 이 말이 잘 와닿지 않더라도, 훗날 고등학생이나 대학생이 되었을 때 한 번쯤 떠올려주었으면 한다.

내 이야기를 하자면, 내가 외과 의사가 되기로 마음먹은 이유는 단 하나였다. 멋있어 보였기 때문이다. 생사의 기로에 선 환자의 몸에 메스를 대서 살리고, 감사 인사를 받는다. 밤에는 술을 잔뜩 마시고도, 다음 날 아침이면 아무렇지 않게 다시 수술대에 선다. 그런 신기한 부류의 사람들을 나는 동경했고, 나 역시 그런 사람이 되고 싶었다.

외과 의사가 되고 싶다. 그런 생각만 해도 가슴이 두근거렸다.

메스를 들고 수술을 집도하는 나. 자신만이 할 수 있는 수술로 난치병 환자를 살려내는 나. 조금 유치해 보일지도 모르지만, 내 안의 히어로를 향한 욕망과 완벽히 일치하는 상상이었다.

"외과 의사가 되려면 손기술이 뛰어나야 하지 않나요?", "시험이 어렵지 않나요?" 하고 묻는 사람들이 있다. 그런데 실제로는 아무런 시험도 없다. 의사 면허만 있다면 누구든 외과 의사가 될 수 있다.

그래서 외과 의사가 되고 나서 외과 의사를 그만두는 사람도 적지 않다. 나는 의사가 된 지 18년째인데, 외과 의사로 출발한 동기 중에 지금도 외과 의사로 일하는 사람은 절반도 되지 않는다. 많은 이들이 도중에 메스를 내려놓고 다른 길을 간다.

이유는 여러 가지겠지만, 가장 큰 이유는 아마도 외과 의사로 일하기가 너무 힘들기 때문일 것이다. 외과 의사인 내가 이런 말을 하기는 멋쩍지만, 정말 고단한 일이다. 세상에 이렇게 힘든 일이 있을까 싶을 정도로 힘들다. 물론 세상 모든 일은 힘들고, 누구에게나 저마다의 고통이 있다는 건 알고 있다. 그렇지만 외과 의사에게는 외과 의사만의 고통이 있다.

나는 외과 의사가 하는 일을 크게 세 가지로 나누어 설명하곤 한다. 세 가지란 육체 노동과 두뇌 노동, 그리고 감정 노동이다. 밥도 안 먹고 화장실도 안 가고 5, 6시간을 서서 수술한다고 생각해 보라. 그러면 육체적으로 얼마나 힘들지 상상할 수 있을 것이다. 게다가 한밤중에 긴급 호출을 받고 수술하러 나가야 할 때도 있다.

몸을 가눌 수 없을 정도로 졸린 상태에서도, 사람의 생명을 다루는 정밀한 수술을 해야 한다. 그 자체가 엄청나게 힘든 일이다.

거기다 두뇌 노동을 해야 한다. 내과보다는 덜할 수 있겠지만, 외과 의사도 생각할 일이 많다. 예를 들어 암이 두 곳에서 발견된 환자라면 어느 부위부터 먼저 수술할지를 고민해야 한다.

게다가 외과 의사는 평소에도 영어로 된 논문이나 교재를 읽으며 최신 수술법과 치료법을 공부해야 한다. 국내 서적만 보는 사람도 있지만, 최신 정보는 대부분 영어로 되어 있다. 일본인이 쓴 글조차 영어로 발표되는 경우가 많아 영문 자료에 익숙해지기 전까지는 상당한 수고가 따른다.

사실 수술 중에도 머리를 써야 한다. 인체 구조는 대체로 비슷하지만 세세한 부분들은 모두 다르기 때문이다.

병의 위치나 환자의 기저 질환 또한 제각각이다. 이러한 여러 변수를 고려하며 손을 움직이는 동시에 가장 효과적이고 신속한 수술 방법을 모색해야 한다.

긴 수술을 마친 뒤 수술실 구석에서 주저앉은 채 잠들어 버리는 일도 있는데, 그건 몸보다도 머리가 탈진했기 때문이다.

그리고 감정 노동도 한다. 간단히 말하면 정신적인 스트레스가 쌓이는 일이 많다는 뜻이다.

이를테면 아침에 병원에 도착하자마자 입원 환자가 "선생님, 왜 아직도 퇴원을 못 한다는 거예요? 이상한 거 아닌가요?" 하고 따져 묻는다. "전에도 설명했죠?"라는 말을 삼키고, 나는 다시 설명한다.

9시에 시작되는 외래에서는 "검사 결과가 나왔는데요, 암입니다"라고 알리는 순간, 환자가 눈물을 터뜨린다.

그다음 환자에게는 "수술한 지 반년도 안 됐는데, 암이 재발했군요"라고 하면, "수술을 잘못한 것 아닌가요?" 하며 따져 묻는다. 이와 비슷한 일을 세 건 정도 더 겪고 나서, 점심을 먹고는 수술방에 들어간다. 저녁에는 또 다른 환자와 그 가족에게 "이제 두 달 정도 남았습니다"라고 조심스레 알려야 한다.

이쯤 되면 마음도 탈진해 버린다.

무엇보다 가장 견디기 힘든 일은 자신의 메스로 환자를 죽음에 이르게 했을 때다. 오래 일한 외과 의사 중에 이런 경험이 없는 사람은 없다.

비난받는 것이 괴로운 것도 아니고, 유족에게 소송당할까 두려운 것도 아니다. 그것은 두 어깨에 내려앉은 무거운 돌덩이처럼 평생 짊어지고 가야 할 '용서받지 못할 업'이다.

"죄송합니다. 살려드리지 못해서……. 그때 그렇게 했더라면 어쩌면 살릴 수 있었을지도……."

나는 종종 이런 꿈을 꾼다.

선택한 길을 정답으로 만들어라

외과 의사가 얼마나 힘든 직업인지, 나는 외과 의사가 되고 나서야 알았다. 고된 환경에다가 장인 기질이 강한 매우 엄격한 상사가 소리를 지르거나 무시하는 듯한 말투로 가르치는 일까지 더해진다.

힘들어서 외과 의사를 그만둔다고 직접 말하지는 않았지만, 아마 그래서일 거라고 생각되는 친구들도 여럿 있었다.

그런 가운데 내가 살아남을 수 있었던 이유는 뭘까? 아마도, 자신이 성장해 가는 과정 자체를 즐기는 유형이었기 때문일 것이다. 마치 게임 속 캐릭터를 키워나가는 것과 비슷했다.

약을 모르면 공부해서 외웠고, 메스를 어떻게 잡아야 할지 모르면 배워서 익혔다. 서혜부 탈장처럼 비교적 간단한 수술을 할 수 있게 되면, 그다음에는 암 수술처럼 더 복잡한 수술에도 도전했다.

그런 식으로 하나하나 계단을 올라가며, 마침내는 내 전문 분야에서 권위자라고 불리는 외과 의사들과 견주어도 손색없는 수술을 해낼 수 있게 되었다. 세상에 수술보다 즐거운 일이 또 있을까 싶었다. 불손하게 들릴 수도 있겠지만, 내가 성장하는 것이 결국 환자에게 도움이 되는 일이라면 괜찮지 않을까?

물론 내가 외과 의사라는 직업에 '잘 맞는 사람'이었던 것도 분명한 사실이다. 어릴 때부터 운동을 좋아했고, 중학교 시절부터 대학 시절까지 주 5일 축구를 했기 때문에 체력에는 자신이 있었다. 거기다 팀플레이에 익숙해서 다른 사람과 보조를 맞추는 일도 싫지 않았다. 외과 수술은 보통 세 사람이 함께하기 때문에 이 점도 중요했다.

어릴 때 바이올린을 배워서 손끝도 무디지 않았고, 고등학생 때는 드럼도 쳤는데, 이 역시 양손을 따로 움직이는 훈련이 되었다.

기억력은 그다지 좋은 편이 아니었지만, 조사한 정보를 빠르게 꺼내 쓸 수 있게 정리하는 방식으로 보완했다. 감정적인 면에서는 공감 능력이 높고 쉽게 상처받는 유형이기는 하지만, '타인의 일'처럼 거리를 두며 자신의 정신을 지키는 기술이 나에게는 자연스럽게 갖추어져 있었다.

운이 좋았다고 생각한다.

한편, 당시 후보로 고민했던 소아과나 정신과를 선택하지 않은 것은 다행스러운 결정이었다고 생각한다. 내가 당시 생각했던 소아과는 백혈병을 전문으로 하는 분야였는데, 그만큼 아이들이 죽음을 맞이하는 장면과 자주 마주하는 진료과이기도 했다. 나는 아이들을 무척 좋아하기 때문에 그런 상황들을 남의 일처럼 받아들이지 못해 결국 버티지 못했을 것이다.

정신과 역시, 마음이 힘든 환자들을 계속해서 상대하다 보면 결국 내 정신의 균형까지 무너졌을 거라고 생각한다.

선택이란 어떤 것을 고르는 것이 아니라 선택한 것이 정답이 되게 현실 세계를 비틀어놓겠다는 각오다. 이것이 바로 나의 신조이므로 어쩌면 나는 외과 의사라는 선택에 나 자신을 억지로 맞춰나갔는지도 모른다.

어쨌든, 지금 이 일은 내게 천직이라고 믿는다. 그래서 쉽사리 놓을 수가 없다.

타인의 마음을
헤아린다는 것은

현인 의사의 가르침

▪▪ 섬마을 현인 의사

2006년, 나는 가고시마대학 의학부 6학년이 되었다.

진료과별 병원 실습을 모두 마치고 나니, 의사라는 직업이 어떤 것인지 조금씩 감이 잡히기 시작했다.

동기 중 약 10퍼센트 정도는, 그동안 치른 수십 번의 시험에서 유급되어 아래 학년에 그대로 남아 있었다. 간신히 유급을 면하고 6학년이 되었다고 해서 안심할 수는 없었다. 의사 면허를 따기까지는 두 가지 높은 문턱이 남아 있었기 때문이다.

하나는 졸업시험이었다. 의대는 졸업논문 대신 이 시험에 합격해야 국가고시를 볼 자격이 주어진다. 당시 졸업시험은 9월에 있었는데, 우리는 그 시험을 위해 그동안 출제되었던 기출문제를 반복해서 풀며 공부했다.

6학년에게는 자습실로 사용할 수 있는 10인실 작은 방이 하나씩 주어졌다. 나는 축구부, 테니스부, 농구부 출신 학생들, 그리고 이전에도 이야기한, 인간미 넘치는 우라타와 한방을 썼다.

그리 넓지는 않았지만, 자습실에는 작은 냉장고와 이층 침대가 놓여 있었다. 나는 창가 쪽 자리를 맡았다. 초등학교 때부터 창가 자리를 좋아했는데, 어쩌면 나도 모르게 드러난 도피 본능 때문이었을지도 모른다. 나는 공부 틈틈이 창밖으로 보이는 초여름 풍경을 멍하니 바라보곤 했다.

남자들만 모여 있어 퀴퀴한 이 방 안에서도 성적 상위 그룹과 하위 그룹은 자연스레 나뉘어 있었다. 나는 하위 그룹에 속해 있었고, 소설 『울지마 인턴』에 주인공으로 등장하는 도리이와 우라타, 그리고 체격이 크고 눈썹이 진한 구마모토 출신의 에토와 치열하게 경쟁하고 있었다. 전체 90명 중, 아마도 우리 셋은 늘 70등 이하였을 것이다.

6학년 1학기부터는 자신이 원하는 진료과 세 곳을 한 달씩 순환하는 방식으로 대학병원 실습이 바뀌었다.

나는 완화의료를 배우기 위해 도쿄 성누가국제병원(세이로카국제병원)으로 실습을 나갔다. 거기서 나는 지금은 고인이 된 히노하라 시게아키(105살까지 내과 전문의로 활동하다 세상을 떠난 일본의 유명 의사. 죽기 직전까지 현역 의사로서 저술을 했고, 일본 전역을 돌며 한 해 100회가 넘는 강연을 하는 등 마지막까지 왕성한 활동을 했다.-옮긴이) 선생님과 함께 완화의료 병동을 돌며 직접 배우는 귀중한 기회를 얻었다.

"인생은 마무리가 중요해요."

말기 암 환자에게 그렇게 말을 건네던 히노하라 선생님의 옆모습이 아직도 눈에 선하다.

그다음에 실습을 나간 곳은 야쿠시마에 있는 진료소였다. '신들의 섬'이라 불리는 야쿠시마에는 도인처럼 보이는 노의사가 진료소를 지키고 있었다. 노의사는 우리 실습생을 어부의 집으로 데려갔다. 그곳에서 먹은 생사슴 고기는 정말 맛있었다. 하지만 얼마 전에 배운 E형 간염 같은 감염병 생각이 스쳐 지나가면서 불안감이 밀려오기도 했다.

당시는 진료소 건물을 짓는 중이라 진흙을 운반하는 막일까지 도왔는데, 그 노의사는 이렇게 말했다.

"세상 돌아가는 것도 모르면서 의사가 되겠다는 너희들한텐, 이런 경험이 꼭 필요하지."

섬에서 의사로 일하면서도 참 멋있게 산다는 생각이 들었다.

하지만 그런 일련의 체험들로 인해 졸업시험 준비는 많이 늦어졌다. 게다가 8월까지 이어진 주 5회 있는 축구부 활동도 공부에 집중하기 어려운 요인이었다. 암기해야 할 분량이 워낙 방대해서, 시험 직전에는 하루 18시간씩 공부하는 나날이 계속되었다. 상위권 친구들에게 물어가며 공부하는 일도 많았다. 창밖을 바라볼 여유 따위는 없었다.

마침내 다가온 졸업시험, 사흘 동안 우리는 아침부터 저녁까지 문제를 풀었다. 채점해 보니 점수는 겨우 합격선에 닿는 수준이었지만, 마치 높이뛰기 선수가 봉을 넘듯 나는 간신히 합격했다. 떨어진 친구들은 한 달 뒤 재시험을 치렀고, 나는 잠시나마 숨을 돌렸다.

의사국가시험이라는 또 다른 지옥 같은 공부가 기다리고 있었지만, 나는 마치 그것을 잊은 사람처럼 짧은 휴식을 만끽했다.

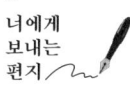

섬마을 진료소에서 배운 것

이 에세이가 신문에 실리고 2주일쯤 지난 어느 날, 야쿠시마 진료소 선생님에게서 편지 한 통이 도착했다.

"가장 화가 나는 건 '노(老)의사'라는 표현이네. 당시 내 나이는 쉰여덟밖에 안 됐고, 자신을 청년이라 여기던 시절이라 더더욱 화가 났지. 나카야마는 사람을 보는 눈이 없었어. 그때의 나카야마는 새내기 의사였거든. 주변 사람들에게 이런 이야기를 늘어놓으며 울분을 풀고 있네."

편지를 읽으며 나는 속으로 큰일 났다고 생각했다. 단단히 화가 나 있다는 기색이 느껴졌기 때문이다.

편지에는 또 이런 문장도 덧붙어 있었다.

"정말 그렇게 부려 먹었는지 기록을 다시 살펴보니, 실제로 꽤 일을 시키긴 했더군."

그리고 편지는 이렇게 맺었다.

"가고시마에 올 기회가 있으면 꼭 연락하게. 내가 살아 있다면 말이지!".

정말 위트가 넘치는 선생님이었다.

물론 의사뿐 아니라 어떤 직업이든 마찬가지지만, 세상을 폭넓게 아는 건 정말 중요하다. 특히 겉과 속이 다른 이중적인 모습이 우리 사회 곳곳에 숱하게 존재한다는 사실은 꼭 알고 있어야 한다.

그런 구조를 이해한 뒤에는, 우리의 삶이 얼마나 많은 이들의 손길과 수고 덕분에 유지되고 있는지를 몸소 깨달아야 한다. 야쿠시마 진료소 선생님은 아마 그걸 꼭 전하고 싶었던 게 아닐까?

토목공이 없으면 건물을 지을 수 없고, 진료소가 없으면 진찰도 할 수 없다. 사냥꾼(앞에서는 어부라고 했으나 정확하게는 사냥꾼이었다)이 없으면 해를 끼치는 야생동물을 처리할 수 없어, 논밭은 물론 사람들에게까지 피해가 생긴다.

사회가 어떻게 구성되어 있는지를 알고, 다양한 사람들이 각자의 자리에서 얼마나 힘든 일을 감당하고 있는지를 이해해야 한다. 그리고 어떤 직업이든 나름의 고충이 있다는 사실도 알아야 한다. 이것은 상상력을 키우는 데 필수 요소다.

마치 숨이 턱 막히는 8월 한여름에 뼛속까지 시린 2월의 추위를 떠올리는 것과 같다.

특히 의사나 사회의 리더라면, 세상에는 어려운 환경에서 태어나 노력할 기회조차 갖지 못하고 평생을 힘겹게 살아가는 사람들이 많다는 사실을 알아야 한다.

전설적인 편집자이자 겐토샤 사장인 겐조 도루 씨는 사회적 약자의 마음을 이해할 줄 알아야 한다고 강조한다. 그 마음이 없으면 진정한 친절을 베풀 수 없다는 뜻이다.

겐조 사장은 당시의 총리대신을 대할 때나, SNS를 통해 알게 된

익명의 나를 대할 때나 조금도 달라짐 없이 늘 한결같았다. 그뿐만 아니라, 얼굴 한 번 본 적 없는 나를 위해 내 책을 세상에 내놓겠다고 기꺼이 몸을 움직이는 친절을 보여주었다. 지위나 관계를 따지지 않고, 그렇게까지 행동으로 옮기는 사람을 만나는 일은 인생에서도 흔치 않다.

의사가 되어 흰 가운을 걸치면, 병원 안에서는 자연스레 특별한 대우를 받는다. '선생님'이라 불리고, 환자들은 고개를 숙이며 인사를 건넨다. 그러다 보면, 자신이 꽤 괜찮은 사람인 줄 착각하기 쉽다. 어쩌면 나 역시 아직 그 착각에서 완전히 벗어나지 못했는지도 모르겠다.

그래서 늘 조심하며 마음을 다잡는다.

우리 집 화장실에는 장 프랑수아 밀레의 그림 〈만종〉이 걸려 있다. 해 질 무렵, 넓은 들판 한가운데서 일하던 농부가 고개를 숙이고 두 손을 모아 기도하는 장면이다. 나는 화장실에 들어갈 때마다 이 그림을 본다. 그리고 마음속으로 되뇐다.

이 세상 모두가 이렇게 수고하며 살아간다. 나만 힘든 것처럼 여겨서는 안 된다고.

그리고 자만하지 말고 늘 겸손해야 한다고 다짐한다.

3

성공이 행복을
보장하지 않는다

:: 의사국가시험에 도전하다 1

2006년 10월, 의대 6학년이 된 나는 졸업시험에 합격한 뒤 마침내 의사국가시험 준비에 들어갔다.

일본에서 의사가 되기 위해서는 일본의 의과대학을 졸업한 뒤 이 시험에 합격해야 한다. 해외 의대를 나왔다 하더라도 예외는 없다. 후생노동성의 인정 시험을 거친 뒤, 마찬가지로 의사국가시험을 통과해야 한다.

그러지 않고 일본에서 의사 또는 그와 유사한 이름으로 의료 행위를 하면 법으로 처벌받는다. 국가가 인정한 자 외에는 의료 행위를 할 수 없게 금지되어 있기 때문이다.

그런데 의사국가시험 합격률이 매년 90퍼센트 정도라는 것을 알았을 때, 나는 충격을 받았다. 합격률이 너무 높아서가 아니라 낮다고 느꼈기 때문이다. 전국의 의대생들이 매일같이 공부해도 매년 약 1만 명 중 1천 명이 떨어진다는 이야기다.

한 번 떨어진 사람은 다음 해에 다시 시험을 볼 수 있지만, 재응시자의 합격률은 50퍼센트 수준으로 뚝 떨어진다고 한다. 즉, 이 시험은 절대 떨어져선 안 되는 시험이었다.

여기까지 왔는데도 의사가 되지 못할 가능성이 있다는 것이다. 법대를 나왔어도 사법시험에 떨어지는 사람도 있고, 애초에 시험을 보지 않는 사람도 많다. 하지만 의대를 졸업하고도 의사국가시험에 떨어진 사람은 지금까지 한 번도 본 적이 없었다. 전국적으로는 1만 명이상이 되겠지만, 그들이 어떤 삶을 살아가는지는 도저히 상상이 가지 않았다.

마흔네 살이 된 지금은, 의사국가시험에 한 번 떨어졌다가 다음 해에 합격한 사람이 있다는 것도, 시험을 포기하고 전혀 다른 분야에서 활약 중인 사람이 있다는 것도 안다. 하지만 그 당시에는 그런 선택이 있다는 생각조차 해본 적이 없었다.

여기까지 와서 의사가 되지 못한다는 건 있을 수 없는 일이었다.

머리를 빡빡 밀고 재수, 삼수하며 공부한 2년, 끊임없이 공부하며 무수히 시험을 치른 의대 6년, 이제 와서 의사가 되지 않는 선택지는 있을 수 없었다.

의대는 다른 학부와는 달리, 입학과 동시에 의사가 되기 위한 직업 훈련을 받는다.

'절대 떨어져서는 안 되는 시험.'

그 공포가 6학년이 된 우리를 짓눌렀다.

나는 아침 6시부터 밤 11시까지, 사쿠라가오카 캠퍼스 자습실에 틀어박혀 공부했다. 그리고 주말에는 스트레스를 풀기 위해 술을 마시러 나갔다. 날이 서 있는 의대 동기들과 술을 마시면 숨이 막힐 것 같아 가고시마은행에 다니는 친구 아니면 고등학교 교사인 친구와 함께 술을 마셨다. 술 마신 다음 날에도 아침 6시부터 공부를 시작했다.

눈 깜짝할 사이에 12월이 지나고 어느새 새해가 밝았다. 내가 의사 국가시험에 합격할지 재시험을 볼지가 결정되는 해였다.

나는 연말연시에도 본가에 가지 않고 가고시마에 남아 공부를 계속했다. 절대 떨어져서는 안 되었기 때문이다.

1,000가지가 넘는 질병, 그리고 그 원인과 증상, 치료법을 나만의 암기법으로 머릿속에 쑤셔 넣었다. 기억력의 한계를 절감했지만 그런 말 하고 있을 때가 아니었다.

드디어 2월, 의사국가시험이 코앞으로 다가왔다. 가고시마대 의대생은 규정에 따라 구마모토대 의대생과 함께 구마모토에서 시험을 치르게 되어 있었다.

구마모토로 가는 대절 버스를 타기 위해 모인 6학년생들 앞에, 축구부 후배 서른 명가량이 몰려와 떠들썩하게 응원해 주었다. 후배들은 과자, 음료수, 핫팩, 머리띠, 수건, 그리고 어쩐 일인지 커다란 곰돌이 푸 인형까지 한가득 안기고는 고구마 소주 한 잔을 마시라며 내밀었다. 축구부에는 그런 전통이 있었다. 나는 얼떨결에 그 잔을 비우고 버스에 올랐다.

버스 안은 말 그대로 긴장감으로 꽉 차 있었다. 모두 맨정신으로, 각자 손에 쥔 책에 시선을 고정한 채 시험장으로 향했다. 그중 후배들이 건넨 고구마 소주를 마시고 탄 축구부 친구들만이 살짝 달아오른 얼굴을 창밖으로 내밀었다. 화창한 날이었다. 희뿌연 연기를 뿜어내는 거대한 화산섬 사쿠라지마가 마치 "넌 잘해낼 거야"라고 말해주는 것 같았다.

변변치 않은 기억력으로
맞서는 도전

나는 시험에 약한 편이다.

추가 합격으로 간신히 가나가와현 최고의 명문 중고등학교인 세이코가쿠인에 들어가긴 했지만, 그건 2학년 위 형이 워낙 우수해서 얻은 덕이 컸다. 중고등학교 시절엔 "나카야마는 눈에 띄긴 하는데, 머리가 따라주지 않는 것 같다"라는 말을 자주 들었다.

대학 입시에서는 재수와 삼수를 했고, 다섯 번이나 의대에 떨어졌다. 제일 가고 싶었던 치바대 의대에도 떨어졌다. 의대에 들어간 뒤에도 시험은 늘 넘기 힘든 산이었다. 유급은 면했지만, 재시험을 여러 번 치러야 했다.

초등학교, 중학교, 고등학교, 대학 입시까지는 개인경기다. 오직 암기력이 모든 것을 좌우한다. 나는 암기 위주의 공부가 유난히 힘들었다. 다른 사람의 두 배는 시간을 들여야 겨우 남들만큼 외울 수 있었기 때문이다.

내 머리가 그 정도 수준이라는 걸 자각한 건 고등학생 때였다. 내가 다니던 세이코가쿠인고등학교는 명문대 진학률이 높은 학교였다. 함께 공부했던 친구들 가운데 몇몇은 현역으로 도쿄대에 합격했다. 그런 친구들과 나를 비교하다 보니, 내 부족함이 더 뼈저리게 느껴졌다.

조사하는 능력이나 사람들과 잘 어울리는 능력, 다 같이 뭔가를 만들어내는 능력 같은 것은 왜 테스트 항목에 없는 걸까, 생각한 적도 있다. 하지만 이미 정해진 규칙이니 어쩔 수 없었다.

공통테스트(그 당시에는 '센터시험'이라 불렸다)에서 90퍼센트 이상의 점수를 받아야만 의대에 갈 수 있었지만, 나는 70퍼센트 정도의 점수밖에 받지 못해 재수를 할 수밖에 없었다. 즉, 의사가 될 수 없다는 냉혹한 현실과 직면하게 된 것이다.

열여덟 살 되던 봄, 나는 결심했다.

열심히 하는 수밖에 없다. 의사가 되기를 포기하지 않겠다면, 이 부족한 머리로 승부를 걸 수밖에 없다. 남보다 갑절의 노력이 필요하다면 갑절의 시간을 들여 공부하는 수밖에 없다.

나는 그날부터 어쨌든 많은 시간을 공부하는 데 썼다. 전철 안에서는 물론 걸으면서도, 화장실에서도, 욕실에서도, 밥을 먹으면서도 공부했다. 그렇게 했는데도 의대에 들어가는 데 2년이나 더 걸렸다.

그런데 대학에 입학하고 나서부터는 공부하는 게 즐거웠다. 수없이 꿈꿨던, 그 글자를 보기만 해도 심장이 뛰던 '의학'을 배울 수 있었기 때문이다.

암기력이 좋아진 것은 아니었지만, 대학에서는 나 나름대로 열심히 공부했다. 의대생이 마주해야 하는 수많은 시험은 여전히 암기력을 요구하는 것들이었기 때문에 힘든 시간도 많았다.

18년이 지난 지금도, 의대 6년 과정을 마치고 마지막으로 치른 의사국가시험 때가 가끔 꿈속에 나타난다. 시험이 진행된 사흘 동안 정말 별의별 일이 벌어졌다. 두려움에 눈물을 흘리는 사람도 있었고, 극심한 불안에 사로잡혀 한밤중에 가고시마에 있는 여자친구를 급히 부른 사람도 있었다. 시험 중간에 화장실로 달려가 구토를 하는 사람도 있었다.

그동안 치른 시험은 100미터 달리기나 자유형 수영처럼 전적으로 개인 능력에 달린 개인경기이다. 그런데 학교를 졸업하고 사회인이 되면 다르다. 나 같은 경우는 의사가 되고 나서부터 혼자서 해결할 수 없는 일이 훨씬 많아졌다. 사회인이 되면 팀플레이를 해야 하는 거라고들 한다. 정말 그렇다. 팀플레이에는 암기력이 아닌 다른 능력이 필요하다.

예를 들면, 적절한 사람에게 도움을 요청하는 능력, 도움을 받은 후 고마움을 전하는 능력. 상의할 수 있는 친구를 만드는 능력 등등 말이다.

어쩌면 나에게는 개인경기보다 팀플레이가 더 잘 맞았는지도 모른다. 운이 좋게도 내 주변에는 나를 끌어올려 주고, 내가 행복해질 수 있도록 애써주는 사람들이 있었다. 내 인생에는 아무리 보답해도 다 갚을 수 없을 만큼 고마운 이들이 여럿 있었다.

이렇게 해서 나는 지금까지 100번의 싸움에서 50승 50패 정도를 유지하며 그럭저럭 여기까지 왔다. 그렇게 나이를 먹고 마흔이 넘을 무렵, 나는 이런 사실을 깨달았다.

'무언가를 이루기 위해서는 때로 승패에 집착하는 태도가 필요하다. 하지만 그 집착이 지나치면 마음이 무너진다. 세상에서 계속 이기기만 하는 사람은 언젠가 정신에 금이 간다. 그렇게까지 하면서 정말 이기고 싶은 것인지, 스스로 깊이 고민해 보고 답을 찾아야 할 문제다.'

돌이켜보면 나의 30대에는 이기는 일이 많았다.

의사로서는 전문의 자격을 연이어 따냈고, 기술도 갈고닦았다. 작가로서는 첫 책을 세상에 내놓았고, 소설도 쓰기 시작했다. 그 소설이 드라마로도 제작되었고, 『울지마 인턴』 시리즈는 베스트셀러가 되었다. 의학서도 집필했다.

하지만 너무 바빠서 자신을 돌아볼 여유가 없었다.

그 바쁜 와중에 가사와 육아까지 하다 보니 마음이 망가지기 일보 직전까지 갔다. 그 많은 일을 하며 언제 어떻게 쉬었는지 모를 정도로 기억이 나지 않는다.

그렇게 살면서 깨달았다.

행복은 성공과는 아무런 상관이 없다는 것을.

성공한 사람이 정말 행복할까? 성공한 사람들을 보면 부럽긴 하지만 행복해 보이는 사람은 거의 없다. 잘나가는 유명인 중에는 이혼하는 사람도 있고, 중독성 약물에 빠지는 사람도 있고, 사생활이 폭로되는 아픔을 겪는 사람도 있고, 고통스러운 일을 당하는 사람도 있지 않은가.

나는 먼 곳에 내걸었던 '성공'이라는 간판을 내리고, 대신 '행복'이라는 간판으로 바꿔 달았다.

너는 이것을 어떻게 생각할까?

그저 그럴듯하게 포장한 말일 뿐이고, 결국 패자의 변명에 불과하다고 여길지도 모른다. 물론 그렇게 생각해도 괜찮다. 이것은 어디까지나 '내가 그렇게 살기로 했다'는 이야기일 뿐이니까. 나는 네가 너만의 간판을 내걸기를 바란다.

나는 어쨌든 '행복'에 초점을 맞추기로 했다. 조금 더 알기 쉽게 말하면, 나와 내 가족의 행복을 최우선으로 추구하겠다는 것이다.

당연한 말처럼 들릴지도 모른다. 하지만 의외로 이 당연한 원칙을 지키며 살아가는 사람은 많지 않다는 사실도 함께 알아두었으면 좋겠다.

그렇게 '행복'을 추구하고 나서 내가 어떻게 변했는지 아니?

이기든 지든, '어, 그런 거구나' 하며 담담하게 받아들일 수 있게 되었다. 세상에는 수많은 승부가 있지만, 그중에서 행복이 최대한 이 되는 선택지가 무엇인지 생각하게 된 거다.

그건 내게 있어 정말 큰 변화였다. '이제부터는 정말 내가 하고 싶은 일만 하겠다'고 마음먹게 된 것이다.

나는 지금 동료 의사 몇 명과 함께 책을 쓰고 있다. 동료 의사에게 첫 교과서를 쓰자고 제안했다. 그 후 함께 내용을 구상하고, 출판사 편집자와 함께 원고를 다듬어 나가고 있다.

상당한 시간과 노력이 들지만, 나는 이 일로 단 한 푼도 받지 않았다. 그런데도 의학출판사(메디컬뷰)의 유능한 세 편집자(가가 씨, 야마다 씨, 오자와 씨)와 함께 일하는 게 행복하다.

대학에서 강의도 하고 있는데 받는 돈은 학생 아르바이트비보다 적다. 그래도 행복감을 느끼기 때문에 기꺼이 하고 있다.

운을 내 편으로 만드는 삶의 방식

행복의 총량이 늘어나는 사고

▪▪ 의사국가시험에 도전하다 2

2007년 2월, 드디어 그날이 왔다. 의사국가시험을 보는 날 말이다.

전국적으로 약 1만 명이 응시하고 그중 9천여 명이 합격하는 시험이다. 일본 의대 졸업시험에 합격한 사람만 응시할 수 있는 이 시험에서 1천 명가량은 불합격한다는 얘기다. 일본 국가로부터 아직 의사가 되어서는 안 된다는 판정을 받는 이 사람들은 1년 후에 다시 도전할 수 있다.

우리 가고시마대학 의학부 6학년 학생 90여 명은 시험 이틀 전 구마모토로 이동했다. 의사국가시험 전문학원이 개설한 '직전 강의'라는 이름의 영상 강의를 듣기 위해서였다. 시험에 나올지도 모른다는 불안감을 자극하는 그 강의에는 온갖 정보가 넘쳐났다. 나는 반신반의하며 강의를 들었다. 의사국가시험 문제가 새어 나올 리도 없었고, 왠지 믿음이 가지 않는 강사가 알 리도 없었다.

하지만, 이 시험은 응시자의 90퍼센트가 합격하는 시험이다. 모두가 같은 방식으로 공부하면 합격하고, 다르게 준비하면 떨어질지 모른다는 일종의 집단 심리에 따라 우리도 비싼 돈을 내고 울며 겨자 먹기로 강의를 들었다.

드디어 결전의 날이 왔다.

시험을 보러 소조대학으로 향하는 버스 안은 무겁게 가라앉아 있었다. 다들 손에 든 참고서에 시선을 떨어뜨린 채 긴장된 표정을 지었다. 그 분위기에 질린 나는 이어폰을 끼고 다케우치 마리야의 노래를 들으며 창밖으로 흘러가는 겨울 풍경을 바라보았다.

지금 공부한다고 해서 무엇이 달라질까. 1점 차이로 겨우 합격할 바엔, 떨어지는 편이 낫다. 나는 그런 근거 없는 자신감으로 가득 차 있었다.

시험장에 들어가자 수험생인 우리를 어이없게 만드는 일이 벌어졌다.

시험에는 환자를 죽음으로 몰고 가는 치료법을 정답처럼 가장한 선택지가 숨어 있었다. 이런 답을 '금기 선택지'라고 하는데, 금기 선택지를 세 개 이상 고르면 다른 점수가 아무리 높아도 반드시 불합격 처리된다. 환자를 위험에 빠뜨릴 수 있는 사람은 다른 시험 결과가 아무리 좋아도 의사가 되어선 안 된다는, 아주 엄격한 시스템인 셈이다.

물론 '칼륨 제제를 정맥에 주사한다' 같은, 사람을 죽음에 이르게 하는 선택지를 고를 사람이라면 애초에 의사가 되어서는 안 된다. 실수로라도 그런 답을 찍는 순간, 지금까지 이어져 온 긴 공부는 한순간에 물거품이 된다. 말 그대로 금기였다.

그런데 시험장 매점에 큼직하게 '금기'라고 쓴 노란 간판이 보였다.

그걸 보고 어떤 사람은 웃고, 어떤 사람은 인상을 찌푸렸고, 또 어떤 사람은 애써 못 본 척했다.

절반 정도가 '금기' 매점에서 음료 같은 걸 샀지만, '금기'에는 절대로 발을 들여놓지 않겠다는 듯 매점에 얼씬도 하지 않는 사람도 많았다. 그만큼 다들 절박했다. 우리 친구들은 유쾌하게 웃으며 '금기' 매점에 들어가 음료수를 사고, 그 앞에서 기념사진까지 찍었다. 성적 면에서는 결코 여유 있는 편이 아니었지만, 왠지 태평스러운 남자들이었다.

아침 8시 30분. 시험을 보는 강의실로 들어갔다. 강의실에는 커닝 방지를 위해선지, 가고시마대학 학생과 구마모토대학 학생이 번갈아 앉게 되어 있었다. 구마모토대에 다니는 예쁘고 날씬한 친구 나카마가 내 자리에 다가와 두세 마디 이야기를 나눴지만, 서로 긴장한 탓에 어색한 분위기만 감돌았다.

잠시 뒤, 공무원인 듯 어두운색 양복을 입은 남자가 두툼한 봉투를 들고 교탁 앞으로 나와 말했다.

"모두 자리에 앉아주세요."

이렇게 해서, 3일에 걸친 사투가 시작되었다.

운에는 두 종류가 있다

하는 일마다 잘되는 사람이 있는가 하면, 뭘 해도 잘 안 되는 사람이 있다. 이런 사람들을 보면 세상이 불공평하다고 느껴질 수 있다. 너는 이걸 어떻게 생각할지 모르겠구나.

운에 관한 이야기는 크게 두 가지가 있다.

하나는 '바이오리듬설'이다. 인생의 운은 파도처럼 오르내린다는 생각으로, 운이 좋을 때는 무엇을 해도 술술 풀리지만 운이 바닥으로 내려갈 때는 뭘 해도 막히기 쉽다는 주장이다.

다른 하나는 '운의 총량설'이다. 사람마다 평생 누릴 수 있는 행운의 양이 정해져 있어, 지금 좋은 일이 잇따른다면 언젠가 반드시 그만큼의 불운이 찾아온다고 믿는 관점이다.

어느 쪽을 받아들여도 좋지만, 나는 두 이론 모두 믿지 않는다.

운이 좋은 사람은 계속해서 좋은 일이 이어지고, 운이 나쁜 사람은 불운이 겹친다고 느끼기 때문이다.

그리고 이건 사실이기도 하다. 운이 좋은 사람도 있고, 운이 나쁜 사람도 있다.

그렇다면 어떻게 해야 운 좋은 사람이 될 수 있을까? 너는 설마 운 나쁜 사람이 되는 걸 원하지는 않겠지?

운이 따르는 사람은 운이 좋아질 만한 생각을 한다. 다시 말하면 생각하는 방식에 따라 운이 정해진다는 뜻이다.

똑같은 일이 일어나도, 어떤 사람은 '운이 좋았다'고 느끼고, 어떤 사람은 '재수 없었다'고 느낀다. 이를 잘 설명해 주는 비유가 있다.

Q: 갈증이 난 당신이 주위를 둘러보니 물이 반쯤 차 있는 컵이 놓여 있다. 당신은 어떤 생각이 드는가?

A: 물이 반밖에 없네!
B: 물이 아직도 반이나 남았네!

언제나 B처럼 느끼는 사람은 행복하다. "아, 다행이다. 물이 있네"라고 생각할 수 있기 때문이다. 나도 늘 그런 식으로 생각하려고 노력하고 있다.

얼마 전, 허리에 극심한 통증이 생겨 도무지 움직일 수가 없었다. 근무하는 병원 정형외과에 가서 MRI를 찍어본 결과 추간판 탈출증이라는 진단이 나왔다. 추간판 탈출증은 유전적 요인과 밀접한 관련이 있는 질환으로, 70퍼센트 정도는 그냥 두면 낫는다.

나는 운이 좋다고 생각했다. 암 전이도 아니고 골절도 아니고 다른 까다로운 질병이 아니라는 것만으로도 행운이라는 생각이 들었다. 물론 허리가 너무 아파서 제대로 걷지도 못했고, 입원을 고민할 정도였지만 말이다.

책을 내고 싶었을 때도 나는 10곳이 넘는 출판사에 원고(논픽션)를 보냈으나 모두 퇴짜를 맞았다. 하지만 그 뒤에 겐토샤에서 출간하게 되었고, 겐토샤 겐조 도루 사장과 깊은 인연을 맺을 수 있었다. 그다음에 겐토샤에서 낸 소설『울지마 인턴』역시 몇 번의 퇴짜를 맞고서야 출간되었지만 감사하게도 베스트셀러가 되었다.

그때 퇴짜를 맞지 않고 첫 책이 나왔다면, 겐조 도루 사장과 인연을 맺지 못했을 것이고, 히트작을 쓰지도 못했을 것이다. 수없이 좌절을 맛보긴 했지만 역시 행운이 찾아와 주었다.

원고가 거절되었을 때, 운이 없었다거나 상대가 보는 눈이 없다고 여길 수도 있었다. 하지만 나는 운이 좋다고 믿었다. 행운은 스스로 운이 좋다고 믿을 때 찾아온다는 말을 믿은 것이다. 운이 좋다고 생각해야 행복의 총량이 더 늘어난다고 믿기에 앞으로도 난 이 믿음을 고수할 생각이다.

5

중요한 일은
반드시 혼자서 결정해라

외과 의사로서의 신조

▪▪ 커닝의 유혹

2007년 2월 17일, 6년간의 의과대학 생활을 마무리하는 마지막 관문인 의사국가시험이 드디어 시작되었다.

시험장소는 구마모토현 구마모토시에 있는 소조대학이었다. 가고시마대학과 구마모토대학 의대생 200명가량이 한자리에 모였다. 다섯 명이 앉을 수 있는 긴 책상에, 한 자리씩 사이를 두고 앉았다. 강의실 앞쪽 화이트보드에는 홋카이도, 미야기현, 도쿄도 등 국내 10곳의 시험장이 적혀 있었고, 그 가운데 '구마모토현'만 붉은색으로 표시되어 있었다.

내 책상 위에는 파란 글씨로 '수험번호 00163'이 적혀 있었고, 그 두 배쯤 되는 크기로 '후생노동성'이라고 쓰인 스티커가 붙어 있었다. 그 한 장의 표식만으로도, 이 시험이 일본 국가가 직접 주관하는 시험임을 분명히 알 수 있었다.

잠시 뒤, 체구가 크고 관료처럼 보이는 남자가 커다란 봉투를 들고 강의실로 들어왔다. 곧이어 정장 차림의 시험감독관 몇 명이 뒤따라 들어섰다. 그들의 눈빛은 날카로웠다.

그 앞에서 나는 응시자라기보다, 언제든 의심받을 수 있는 피의자처럼 느껴졌다. 얼마나 강압적이고, 또 얼마나 굴욕적인가.

이 감시는 커닝을 하지 않고 괴성을 지르지 않는다고 해서 끝나는 것이 아니다. 사흘에 걸친 모든 시험을 마치고 일정 점수 이상을 받아야 비로소 끝난다.

그날에 나는 이 나라로부터 의료행위를 할 수 있는 의사 면허를 받는다. 12년 만에 꿈을 이루는 것이다. 그렇게 생각하자 손이 떨린다고 해야겠지만, 나는 전혀 긴장되지 않았다.

여기에 사진 한 장이 있다. 시험 시작 직전에 셀카로 찍은 내 사진인데, 눈은 퉁퉁 부어 있고 머리카락은 헝클어져 있으며, 수염은 살짝 자라 있다. 벚꽃 무늬가 장식된 낡고 구겨진 셔츠의 가슴팍에는 뱀 모양의 장식이 달린 목걸이가 반짝인다.

피곤해 보이기는 했지만, 눈빛만큼은 자신감으로 가득 차 있었다.

바로 직전에 치른 모의고사에서 내 편차치는 40(하위 16% 정도)이었지만, 같은 축구부의 스기타는 35였으니 특별히 불안할 이유는 없었다.

해마다 합격률이 90퍼센트에 이르는 시험이라서 편차치 40이라면 무난히 합격할 수 있으리라 생각했다.

그렇게 시험은 시작되었다.

1번 문제는 22세 초산부가 만삭에 제왕절개로 출산한 지 사흘째, 양쪽 가슴 전체가 부어 있는 상황에서 어떻게 대응할지를 묻는 문제였다.

다섯 개의 선택지 중에서 적절하지 않은 처치 하나를 골라야 하는데, 유즙 짜기, 수유 지속, 유두 소독, 유방 마사지 같은 그럴듯한 선택지 사이에 이질감이 확 느껴지는 선택지가 있었다. 바로 '유두 절개 배농술'이었다. 나는 망설임 없이 그것을 골랐다.

시험 도중, 한숨 돌리며 고개를 들어보았다.

그런데 대각선 앞쪽 수험생의 답안지가 훤히 보이지 않는가.

나는 망설였다. 슬쩍 볼까?

하지만 저 학생이 나보다 우수하다는 보장은 없었다. 그래도 내 성적은 편차치 40인데……. 그런 생각이 스치기도 했다.

고민 끝에 나는 보지 않는 쪽을 택했다.

그리고 생각했다. 역시 나는 끝까지 피의자였구나.

첫날, 다섯 시간여의 격투는 그럭저럭 괜찮은 출발이었다. 호텔로 돌아온 나는 맥주 한 잔을 마시고 그대로 잠들었다.

우리가 살아가는 동안 악의 유혹은 수도 없이 찾아온다.

그건 마치 커다란 함정이 여기저기 파여 있는 풀밭을 걷는 것과 같다. 게다가 그 함정이 덮개로 가려져 있고 그 위에 풀까지 나 있어 언뜻 봐서는 그곳이 함정인지 아닌지조차 알아채기 어려운 것들도 있다.

시험 도중에 다른 사람의 답안지를 본다는 건 누구에게 물어봐도 명백한 부정행위, 즉 분명하게 드러난 함정이다.

나는 하필이면 이 큰 함정에 스스로 빠질 뻔했다. 조금만 차분히 생각해 보면 함정에 빠져서 좋은 일은 하나도 없다는 것을 알 수 있다. 그런데도 합격을 위해 수단과 방법을 가리지 않겠다는 마음이 강했던 나는 그 유혹에 거의 발을 들여놓을 뻔했다.

너는 그동안 여러 차례 시험을 봤을 것이다. 그리고 앞으로도 수많은 시험을 치를 것이다.

시험은 홀로 치러야 하는 고독한 싸움이다. 시험을 보는 동안에는 누구와도 상의할 수 없다. 착각의 늪에 빠져도 "그건 잘못 생각한 거예요"라고 알려주는 사람이 없다. 자신만 믿고 나아가야 한다.

마치 강풍이 휘몰아치는, 앞이 보이지 않는 길을 홀로 걸어가는 것과 같다. 시험은 이런 식으로 정신력을 시험하는 시간이기도 하다.

하지만 일단 사회에 나오면 그런 일은 거의 없다. 인생에서 중요한 선택을 내릴 때, 50분 안에 결정하라거나 90분 안에 답을 내야 할 일은 많지 않다. 적어도 며칠의 여유는 주어진다.

기본적으로 누구에게든 상담할 수 있고, 인터넷을 검색하면 비슷한 상황에서 고민한 사람들의 경험도 찾을 수 있다. 겉으로는 그래 보인다.

하지만 정말 중요한 선택은 누구의 도움도 받지 않고, 결국 스스로 결정해야 한다고 생각한다. 어떤 회사에 들어갈지, 어떤 일을 선택할지, 어떤 사람과 결혼할지, 그리고 어떤 사람이 될지를 정할 때가 바로 그렇다.

한번 결정하면 되돌릴 수 없는 선택일수록 가능하면 스스로 깊이 고민하고, 자신이 진정 무엇을 원하는지 곰곰이 생각한 뒤 결정해야 한다. 그렇게 해야 하는 이유는 두 가지다.

하나는, 정말로 너를 생각하고 너에게 딱 맞는 선택을 진지하게 생각해 주는 사람은 너뿐이기 때문이다.

나는 너의 부모니까, 가능한 한 너를 이해하고 싶고, 지금까지 이해하려고 애써왔다. 하지만 부모와 자식이라는 관계에 앞서, 우리는 근본적으로는 서로 다른 인간이다. 함께 살고, 함께 자고, 아무리 깊은 사랑으로 감싸준다 해도, 나는 너를 너만큼 이해하지는 못한다.

그 사실이 아쉽고 안타깝지만 어쩔 수 없는 일이다. 너는 너 자신을 가장 잘 아는 사람이고, 네 편이 되어줄 수 있는 유일한 존재이기도 하다.

또 하나는 스스로 결정하지 않으면 각오가 서지 않기 때문이다. 선택이란 무언가를 택하는 일이기도 하지만, 무언가를 택하지 않기로 정하는 일이기도 하다. 다시 말하면 사실 어느 쪽을 택하든 그리 큰 차이가 없을 때가 많다.

중요한 이야기이므로 다시 한번 반복하겠다. '선택이란 무언가를 택하는 것이 아니라, 나중에 자신이 택한 것이 옳았다고 말할 수 있게 압도적인 노력으로 현실 세계를 비틀어놓는 것'이라고 나는 생각한다. 어떤 선택을 했든 그것이 최선이라고 믿고, 최선이 되도록 만들어야 한다는 의미다.

남의 말만 듣고 선택하게 되면, 상황이 조금만 어긋나도 "그 사람 말이 틀렸어", "그 말을 믿은 내가 바보였지" 하며 남을 탓하게 된다. 그래서는 절대 최선을 다하려는 마음이 생기지 않는다.

물론, 여러 사람에게 의견을 물어도 괜찮고, 조언을 구해도 된다. 하지만 그 모든 정보를 바탕으로 마지막 결정은 자신이 해야 한다. 결정은 자기 몫이기 때문이다.

외과 의사로 일하다 보면, 암 환자를 어떤 방법으로 치료할지 선택해야 할 때가 있다. 어느 쪽을 택할지 표면상으로는 환자와 상의하여 결정하기로 되어 있다. 하지만 현실적으로는 의사가 환자에게 권하는 경우가 대부분이다.

물론 나는 과거의 연구 데이터나 내 경험, 동료 의사들의 의견 등을 종합해 제시하고, 환자 스스로 판단할 수 있게 장단점을 말해 준다.

그래도 많은 환자가 이렇게 묻는다.

"선생님은 어느 쪽이 더 낫다고 생각하세요?"

내가 어떤 식으로든 답을 내놓으면, 거의 예외 없이 환자들은 그 선택을 따른다.

그러므로 설명하기 전에, 수술을 할지 항암 치료를 할지, 의사인 나는 마음속으로 어느 쪽이 더 나은지 결론을 내려두어야 한다.

"내가 환자라면 이쪽을 택하겠다"거나 "내 부모라면 이 선택을 권하겠다"와 같은 말은 가능하면 하지 않고 넘어가고 싶다.

한 번 그렇게 말해 버리면, 나는 환자를 그 방향으로 유도한 셈이 되고, 결과가 예상과 다르게 흘러가면 그에 대한 책임을 져야 하기 때문이다.

물론 현실에서 "당신이 그렇게 말해서 그렇게 했잖아, 책임져!" 하고 따지는 환자는 거의 없다. 그렇다 하더라도 나는 깊은 책임감을 느끼게 된다.

그 사람의 인생, 그것도 말 그대로 생사를 가르는 선택을 하는 것은 참으로 괴롭고 힘든 일이다. 하지만 외과 의사들은 모두 그 고통을 기꺼이 감내하며, 그것이야말로 진정한 의사로서의 자세 라고 믿는다.

큰일은
작은 일에서 시작된다

∷ 절대 틀려선 안 되는 문제

2007년 2월 17일, 의사국가시험 첫날 해질 무렵.

스물여섯 살이던 나는 가고시마대 의대 동기들과 함께 시험장이 마련된 구마모토현 소조대학에서 시험을 치르고 있었다.

의사국가시험은 '필수문제'와 '임상문제'로 나뉜다. 이 중 필수문제는 다른 수험생의 점수나 전체 평균과는 무관하게 80점 이상을 받지 못하면 무조건 불합격이다.

그만큼 기초적이고, 말 그대로 절대 틀려서는 안 되는 문제가 나온다. 국가시험 첫날 오후 4시 10분부터 50분 동안 풀어야 하는 50문항이 바로 이 '필수문제'다. 이 50문항 중 40문항 이상 맞혀야 국가시험에 합격한다. 떨어지면 1년 동안 다시 공부한 뒤 다음 해 2월에 후배들과 함께 재응시해야 한다.

그 까다로운 필수문제를, 첫날의 긴장과 오전 시험으로 이미 지친 머리로 풀어야 했다.

그 와중에 특히 고민이 될 만한 문제가 하나 등장했다.

수술 당일, 성인 환자가 간호사에게 "수술은 죽어도 하기 싫어요"라고 말할 때, 담당 의사로서 어떻게 대응해야 하는지를 묻는 문제였다.

다음 선택지 중 하나를 골라야 한다.

1. 예정대로 수술을 시도한다.

2. 수술 외의 치료법을 고려한다.

3. 다른 병원으로 옮길 것을 권유한다.

4. 환자 가족에게 설득해 달라고 부탁한다.

5. 환자가 하는 말을 직접 듣고 나서 판단한다.

2번, 4번, 5번이 맞는 답인 것 같긴 했으나 단 하나만 꼽기가 어려웠다. 설득 따윈 하지 말라는 건가? 아니면 환자의 자기 결정권을 중시하라는 건가? 설마 간호사를 의심하라는 건 아니겠지? 아니면 환자의 말을 직접 들어보라는 건가? 도대체 왜 이런 골치 아픈 문제가 중요한 필수문제로 출제된 걸까?

이런 문제를 풀어야 하는 게 정말 싫었다. 하지만 나는 수험생이었다. 거부할 아무런 권리가 없다. 단지 부정행위를 하지 않는지 감시당하는 수험생일 뿐이다. 지금 같으면 어딘가에 날카로운 비판 칼럼이라도 썼겠지만, 그때는 순응할 수밖에 없었다.

그래서 왜 이 문제가 필수문제로 나왔을까 생각했다. 의사로서 반드시 갖춰야 할 태도가 담겨 있는 것이 분명했다. 그렇다면 정답은 역시 5번일 것이다. 그 선택이 가장 그럴듯하게 느껴졌다. 어쩌면 다른 사람의 말만 믿어서는 안 된다는 의미일지도 모른다.

외과 의사가 된 지금, 다시 생각해 본다. 만약 이 시험문제처럼 환자가 실제로 그런 말을 했다면 나는 어떻게 대응할까?

외과 의사의 아침은 정신없이 바쁘다. 7시 반부터 담당 환자 30여 명의 차트를 모두 확인한다. 회진을 돌며 모든 환자와 얼굴을 마주치고, 몇몇 환자의 배에 꽂힌 튜브를 제거한다. 중환자의 치료 방침은 팀원들과 논의하며 결정하고, 회의에 참석한다. 야간 근무 간호사의 하소연도 듣고, 수련의에게 잠깐 강의도 한다.

그 바쁜 일정 중 일부를 미루더라도, 나는 반드시 병실로 가서 그 환자의 말을 직접 들을 것이다.

환자가 죽어도 싫다고 말해도, 그 선택이 생명과 직결된 일이라면 나는 다시 한번 설명할 것이다. 수술실 입실 시간이 코앞으로 다가오고 있다.

그래도 싫다고 한다면, 수술을 하지 않을 경우 어떤 일이 일어날 수 있는지를 설명하고, 가족과 함께 다시 한번 설득을 시도할 것이다.

그런데도 거부한다면, 수술실로 달려가 수술실 간호사와 마취과 의사에게 고개 숙여 양해를 구하고, 수술 보조를 부탁했던 외과 동료에게는 사정을 알린 뒤, 상사에게 상황을 보고할 것이다. 난감한 일이지만 환자의 동의 없는 수술은 상해죄에 해당하므로 절대 해서는 안 된다.

참고로 정답은 5번이었다. 나는 시험장에서 간호사를 의심하기도 하고 여러 사람에게 머리를 숙이기도 했다. 그리고 나서 나는 의사가 되었다.

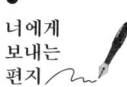
　이 에세이는 『베스트 에세이 2023』에 선정되어 책에 실리게 되었다. 아마 이 책의 편집위원 중 한 명인 마치다 고 작가가 이 글을 발굴해 준 덕분일 것이다.

　이 이야기를 통해 내가 너에게 꼭 전하고 싶은 것은 두 가지다.

　한 가지는 작은 일을 소중히 여기라는 것이다. 내가 남일본신문(가고시마현 지역 신문)에 에세이를 연재하게 된 계기는, 사실 대타 요청이 들어왔기 때문이었다.

　당시 나는 후쿠시마 제1원전(방사능 사고가 있었던 곳) 근처의 한 병원에서 임시 병원장으로 일하고 있었는데, 여러 신문사와 방송국으로부터 인터뷰 요청을 받았다. 그중 남일본신문이라는 가고시마 지역 신문의 한 기자가 내게 부탁을 해왔다. 연재를 시작했던 사람이 갑자기 글을 못 쓰게 되어 곤란한 상황이라며 대신 이 연재를 맡아줄 수 없느냐고. 한 편 쓸 때마다 원고료는 1만 엔이었다.

　솔직히 말하면, 나는 당시 너무 바빴고, 이미 전국으로 나가는 인터넷 매체와 책에 글을 써 그 몇 배에 달하는 원고료를 받고 있었기 때문에 그 제안이 그다지 매력적으로 느껴지지 않았다.

　어느 날, 어머니에게 이 이야기를 했더니, 작은 일을 성실히 해야 큰일도 맡을 수 있다며, '작은 일을 소중히 여기라'고 조언해 주었다. 결국 어머니 말이 옳았다.

나는 지금까지 그다지 중요해 보이지 않는 일이라도 정성을 들여 성실히 했다. 그랬더니 더 큰 일을 맡을 기회가 주어졌다. 지금은 어머니가 왜 그런 말을 했는지 잘 이해할 수 있다.

작은 일을 소홀히 여기는 사람은 큰일도 잘 해내지 못한다. 왜냐하면 그런 사람은 결국 신뢰를 얻지 못하기 때문이다.

어떤 일이든 결국 사람과 사람 사이의 관계 속에 놓여 있다.

그 사람에게 맡기면 괜찮다는 믿음을 하나씩 쌓아 올려 도달한 자리, 그것이 바로 네가 맡을 수 있는 가장 큰일이다.

나는 남일본신문에 실릴 에세이를 쓰는 데 온 힘을 쏟았다. 글 한 편을 쓰기 위해 한 달 내내 붙들고 생각한 적도 있었다.

그 결과 감사하게도 에세이 한 편이 『베스트 에세이 2023』에 실렸고, 가고시마의 경제인들이 모인 자리에서 강연할 기회도 얻었다. 가고시마의 서점에서는 내 소설이 출간될 때마다 특별히 많은 수량을 눈에 띄게 진열해 주었다.

작은 일도 소홀히 하지 않아야 황금 같은 열매가 맺힌다는 사실을 알아줬으면 좋겠다.

또 한 가지는, 자기 눈으로 확인한 것만을 믿어야 한다는 것이다.

앞서 언급한 국가시험 문제의 정답도 '환자의 말을 직접 듣고 판단한다'는 것이었다.

누구의 말이든 그대로 받아들여서는 안 된다. 자신의 눈으로 보고, 자신의 귀로 들은 것만이 확실하다는 태도는 병원이라는 공간에서 특히 중요하다. 물론 모든 것을 직접 보고 들을 수는 없다. 간호사나 젊은 의사들이 전해주는 보고를 매번 의심하다 보면, 의료 현장이 제대로 돌아가지 않는다.

국가시험 문제에서 다룬 것처럼, 중요한 일일수록 나는 누군가의 보고를 들으면 그 정보를 절반만 믿고, 반드시 내 눈으로 확인한다. 정신없이 바쁜 병원에서는 중요한 정보를 전해 듣고 그대로 믿는 일이 종종 생기지만, 결코 전해 들은 말만으로 판단해서는 안 된다.

병원에만 국한된 얘기가 아니다. 자신의 눈이라는 필터를 통해 무슨 일이 벌어지고 있는지 보고, 자신의 머리로 판단해야 한다.

무엇이 옳은지 알 수 없는 이 세상에서는 반드시 자신의 눈으로 봐야 한다.

그러기 위해서는 세계 곳곳을 여행해 보는 것이 좋다. 태어나고 자란 곳이 다르고 눈과 피부색이 다른 사람이 어떤 생각을 하고 있을지 직접 만나서 네가 얘기해 보는 거다. 그렇지 않고서는 정확한 이해란 불가능하다. 그러려면 공통의 언어가 필요하다. 다시 말해 외국어를 배워야 한다.

나는 남을 바꿀 수 없다고 믿는 사람이다.

남이 하는 말도, 그 사람이 보고 느끼고 이해한 것을 자신의 언어로 옮겨 내보낸 것일 뿐이다.

진실은 오직 스스로 보고, 스스로 생각해야만 알 수 있다.

포기하는 것도
전략이다

공부에 약한 내가 택한 시험 전략

▮▮ 고구마 소주, 시모토오리 그리고 팬티

"시험이 종료되었습니다. 이제 펜을 내려놓으세요."

2007년 2월 19일, 덩치 큰 감독관의 굵은 목소리가 들렸다. 마침내 3일간에 걸친 의사국가시험이 모두 끝났다.

몸과 마음이 지칠 대로 지쳐 있었다. 500문항, 총 16시간 15분. 이 시험을 위해 나는 반년 동안 매일 16시간 넘게 공부해 왔다.

운이 달아나지 않도록 조심스럽게 짧은 한숨을 쉰 후, 고등학교(가고시마현 고난고등학교) 교사였던 친구가 준 부적 엽서를 주머니에서 꺼내 쭉 펴서 가방 안에 넣었다. 검은 정장 차림에 굽이 낮은 구두를 신은 여성이 조용히 답안지를 거두고 있었다.

그때 문득 떠오른 건, 큰 재해도, 병도, 사고도 없이 무사히 시험을 마칠 수 있었다는 깊은 감사였다. 만약 그날 큰 지진이 일어났더라면, 전염병이 퍼졌더라면, 호텔에서 시험장으로 향하던 버스가 사고를 냈더라면, 과연 시험을 볼 수 있었을까.

나는 '의학적 지식'이라는 높은 산 정상에 서 있었다. 한 번 굴러떨어지면 다시는 오를 수 없을지도 모를 높은 곳이었다. 대학에서 실습하고, 수많은 시험을 치르며, 끊임없이 공부한 끝에 간신히 올라설 수 있었다. 모든 조건이 절묘하게 맞아떨어져, 그야말로 기적처럼 도달한 자리였다.

시험장 안에는 50명의 의대생들이 내쉬는 안도와 환희의 숨결이 가득했다.

한 친구는 아무도 묻지 않았는데, 학년에서 가장 우수했던 시모타카하라가 어떤 답을 선택했는지를 떠들어댔다. 나는 대꾸하지 않고 곧장 건물 밖으로 나왔다.

해 질 무렵. 하늘은 아직 훤했다. 가고시마대 학생들은 시험장인 구마모토현 소조대학에서 모두 함께 버스를 타고 호텔로 돌아가게 되어 있었다.

나와 친구들 열 명은 버스를 타지 않고 곧장 구마모토 번화가 시모토오리에 가서 말고기 회와 맥주로 축배를 들었다. 모두 하나같이 살이 찌고, 수염은 덥수룩하게 자랐으며, 머리카락은 부스스했다. 말고기 갈

기살을 씹으며 쿠로이사니시키를 들이켰다. 풍부한 향이 퍼지자, 합격에 대한 불안보다 이제 끝났다는 깊은 안도감이 마음을 가득 채웠다.

의학 지식의 정점에 다다른 우리들의 시험 뒤풀이는 왁자지껄했다. 모두 제각기 말도 안 되는 소리를 주고받으며 떠들었다. 시험 내용에 대해서는 아무도 이야기하지 않았다. 합격률이 매년 90퍼센트 정도니, 계산상 이 열 명 중 한 명은 떨어질 것이다. 어차피 내일부터는 다시 불안이 시작될 터였다. 오늘 밤만큼은 그 모든 것에서 벗어나고 싶었다. 나는 구로이사니시키를 얼음에 탄 채로 단숨에 들이켰다.

그날 밤 몇 군데를 들렀는지는 기억나지 않는다. 단지 술에 흠뻑 취한 열 명의 남자가 시모토오리를 달리며 노래를 불렀다는 사실만은 또렷하다. 아마 저녁 일곱 시쯤이었을 것이다. 퇴근길의 직장인들 사이를 비집고 지나가며 우리는 그렇게 떠들고 다녔다. 그날 밤은 구마모토고등학교 출신인 친구 야마노의 집에서 묵었다.

다음 날 아침, 우리는 숙취로 인한 두통과 메스꺼움을 견디며 모두 바닥에 드러누운 채 자기 채점을 했다. 나는 꽤 여유 있게 합격권에 든 것 같았다. 다른 사람들의 결과는 묻지 않았다. 그때 누군가가 야마노 누나(무척 예뻤다)의 것일지도 모를 브래지어와 팬티를 발견했고, 집 안은 한순간에 다시 떠들썩해졌다.

합격 발표까지는 아직 한 달이 남아 있었다. 그 사이 나는 6년 동안 꿈처럼 머물렀던 가고시마라는 높은 산의 정상에서, 천천히, 아주 천천히 내려오기 시작했다.

앞서 말했듯이, 나는 시험이라는 것을 몹시도 싫어했다.

하지만 의사국가시험에 합격하지 않으면 의사가 될 수 없다. 나는 어떻게 해서든 의사가 되고 싶었기 때문에 시험을 통과하는 것 외에는 선택지가 없었다.

이 세상에는 이미 정해져 있어서 내 바람이나 적성과 맞지 않아도 어쩔 수 없이 해야 하는 일들이 많다.

나의 경우는, "죄송하지만, 저는 암기를 잘 못하는 대신 재미있는 이야기를 잘하니까, 그걸로 시험해서 재미있으면 의사 자격을 주시면 안 될까요?"라고 말하고 싶었지만, 물론 그런 건 통하지 않는다. 축구를 잘한다거나 그림을 잘 그린다고 해서 의사국가시험에 합격할 수 있는 것은 아니다. 결국 '공부', 오직 그것 하나뿐이다.

일본에서는 의대를 졸업하지 않으면 국가시험조사 볼 수 없고, 이 시험에 합격하지 않으면 의사가 될 수 없다. 의사가 아닌 사람이 의사라고 속이거나 병을 치료하면, 그건 법 위반으로 처벌받는다.

의대 공부를 하다 보면, 왜 이렇게까지 많은 암기를 해야 하는 걸까 하는 생각이 들 때가 있다. 그렇다고 국가에 이건 너무 부당하다고 소송을 걸 수도 없고, 시험문제를 출제하는 기관(아마 도쿄 가스미가세키에 있는 후생노동성 건물 어딘가)에 폭탄을 설치하고 좀 쉽게 내

달라고 요구할 수도 없다. 물론 그렇게 하는 사람도 없다.

꿈(나의 경우, 의사가 되는 것)을 이루려면, 자신에게 무엇이 부족하고 무엇이 필요한지를 먼저 파악하고, 해야 할 일을 하나씩 목록으로 정리해 실행해야 한다. 하지만 나는 그 어떤 계획도 세울 수 없었다. 그런 능력은 애초에 나에게 없었다.

그래서 재수와 삼수를 했고, 입시학원에 그 역할을 대신해달라고 맡겼다. 혼자서는 할 수 없으니 입시학원에 맡기기로 한 선택 덕분에 나는 2년 만에 가까스로 의대에 입학할 수 있었다. 이런 걸 '전략'이라고 부른다.

의대에 들어가기 위한 전략은 입시학원이 대신 짜줄 수 있지만, 인생 전략을 대신 짜주는 학교는 없다. 그러니 인생 전략은 자신이 짜야 한다.

자신이 잘하지 못하는 분야에서 싸워선 안 된다. 스포츠를 잘 못하는 사람이 프로 스포츠 선수를 꿈꾸면 안 되는 것처럼 말이다. 예를 들어 손기술이 없는 사람이 외과에 들어가겠다고 문을 두드리는 경우가 있다. 하지만 손기술이 있는 사람에겐 이길 수 없다. 그렇다면 손기술이 없어도 이길 수 있는 분야, 이를테면 연구 분야로 가는 것도 하나의 방법이다.

유도만능줄기세포(iPS 세포)를 개발한 공로로 노벨 생리의학상을 받은 야마나카 신야 교수는 원래 정형외과 의사였다. 정형외과 동료 의사들은 수술이 서툰 그를 '자마나카('방해·걸림돌'이라는 의미와 성

'야마나카'를 합친 농담 섞인 별명)'라고 불렀다는 유명한 일화가 있다.

아마 야마나카 교수가 섬세한 수술 분야에서 경쟁했다면, 지금과 같은 노벨상 수상의 영예를 누리지는 못했을 것이다.

처음부터 정해진 것이 너무나 많은 이 세상에서, 우리는 어떻게 살아야 할까. 삶은 결코 쉽지 않다. 부유한 삶을 꿈꿔도, 타고난 배경을 지닌 이들을 제외하면 그 길은 좀처럼 열리지 않는다. 무심히 남들과 똑같이 살아간다면, 결국 남들과 다르지 않은 삶에 머물 수밖에 없다.

인생의
문을 여는
열쇠

행운으로 이어지는
두 갈래의 노력

의사의 구직 활동

▓ 도쿄에서 시작한 수련의 생활

이번에는 내가 도쿄로 가게 된 경위에 대해 이야기해 보겠다. 2006년 겨울, 나는 어느 병원을 선택할지 고민하고 있었다.

잘 알려져 있지는 않지만, 의대생도 일종의 '구직 활동'을 한다. 일반적인 취업과 다른 점은 공공기관이 운영하는 매칭 시스템을 통해 근무지가 결정된다는 것이다. 병원이 채용하고 싶어 하는 학생과, 학생이 근무하고 싶어 하는 병원이 서로 일치하면 '매칭', 즉 합격하게 된다. 여러 병원에 동시에 합격하는 일은 없고, 반드시 한 곳만 정해지는 방식이다.

학생은 자신이 희망하는 병원을 선호도 순으로 적어 기관에 제출하고, 병원 측도 채용하고 싶은 학생의 순위를 매긴다. 이 두 순위가 맞아떨어질 때 비로소 합격이 확정된다.

나는 2년간 수험 생활을 하며 의대 입시를 준비할 때 이미 내 머리가 좋은 편이 아니라는 사실을 알고 있었다. 의대에서 치렀던 수많은 시험을 통해서도 그 점은 다시금 확인되었다. 그래서 나는 수련의 과정에서는 반드시 수준 높은 교육을 받아야 한다고 생각했다. 그렇지 않으면 평범한 의사로 머물 수밖에 없을 것 같았기 때문이다. 그리고 그런 교육을 받을 수 있는 곳은 수련의 교육에 오랜 전통과 체계를 갖춘 이른바 '유명 병원'들이었다.

나는 일단 도쿄에 있는 유명 병원 몇 곳을 직접 찾아가 보기로 했다. 본가가 있는 요코하마로 가지 않고 도쿄를 선택한 데에는 나름의 이유가 있었다.

가고시마에서는 도쿄는 보이지만, 세계는 보이지 않는다. 도쿄가 아니면 세계는 보이지 않는다. 나는 그렇게 생각했다. 물론 인터넷이 발달한 지금은 전혀 그렇지 않고, 코로나 시기에는 세계고 뭐고 의미가 없긴 했다.

나는 최대 도시 도쿄를 막연히 동경했다.

그곳의 이름난 병원에는 전국 각지에서 의대생들이 견학을 왔다. 우리는 처음 만났을 뿐인데도 금세 친구가 되어 술잔을 기울이며 이야기를 나눴다.

도쿄에서 만난 이들은 참 좋은 사람들이었다. 아무런 정보도 없는 지방 의대생이던 나에게 그들은 많은 것을 알려주었다. 어느 병원은 응급의학과가 강하지만 내과는 그저 그렇고, 또 다른 병원은 외과로 이름이 높지만 수련이 혹독하다고 했다. 어떤 곳은 대학병원과 이어 져 있어 의국(전공별 소속 조직, 한국의 레지던트 배정과 유사)이 자동으로 정해진다고 했고, 시험 기출문제를 주겠다며 웃어 보이는 친구도 있 었다.

성누가국제병원(세이로카국제병원)을 견학하면서 알게 된 지케이의 대 출신 친구가 있었다.

큰 키에 무심하게 흘러내린 긴 흑발이 인상적인 그 친구는 가장 인 기 많은 병원에서 수련받기를 간절히 원하고 있었다. 병원을 함께 둘 러보며 견학할 때도, 함께 마주 앉아 공부할 때도, 그는 모르는 것이 없었다. 누가 보아도 단연 돋보이는, 탁월한 인재였다.

"너도 지원해. 성누가에서 함께 수련의 생활을 하자."

여드름 자국이 남은 얼굴에 미소를 띠며 그는 그렇게 말했다.

그 한마디에, 나는 성누가국제병원 소아과에 지원하기로 마음먹었다. 하지만 마지막 순간까지도 어떤 진료과 의사가 될지는 좀처럼 정하 지 못하고 있었다.

응급의학과, 소아과, 외과. 이 세 진료과로 좁히긴 했지만, 막상 하 나를 고르기는 쉽지 않았다. 그래서 나는 그 선택을 매칭의 신에게 맡기기로 하고, 응급의학과는 공립병원, 소아과는 성누가국제병원,

외과는 도쿄도립 고마고메병원에 각각 지원했다.

면접에서는, "취미가 독서라고 적혀 있는데, 요즘엔 어떤 책을 읽고 있어요?"라는 질문을 받았다. 나는 "데카르트의 『방법서설』을 읽고 있습니다"라고 답했다. 그러고는 "너무나도 난해해서 한 페이지를 읽는 데 두 시간이 걸립니다"라고 덧붙이자, 면접관들이 웃음을 터뜨렸다.

그 점을 좋게 봐준 건지, 신은 나에게 외과 의사가 되는 길을 허락했다. 외과를 제1지망으로 썼기 때문에 응급의학과나 소아과는 합격권에 들었는지조차 알 수 없다. 지케이의대를 나온 그 친구는 성누가국제병원은 떨어지고, 자신의 모교 대학병원에서 수련의 생활을 시작했다.

"너는 고마고메병원 붙어서 다행이야. 잘해봐."

그 말을 끝으로, 나는 그의 목소리를 다시 들을 수 없었다.

원치 않는 곳에선
어떻게 해야 할까

이번에는 두 종류의 노력에 대해 말해 보려고 한다. 이렇게 해서 나는 원하던 병원에 들어갔고, 수련 과정은 힘들었지만 어떻게든 버텨내며 외과 의사로서 선두 그룹에 설 수 있었다.

좋은 친구들이 정보를 알려줬고, 이해하기 어려운 독서 이력이 어쩐 일인지 면접에서 통했고, 그 외에도 여러 행운이 겹쳐졌던 결과였다. 인생은 결국 '운'이다. 나는 정말 운이 좋았다.

물론, 운이 없다고 생각한 적도 많다.

한때 나는 우주비행사가 되고 싶었다. 그 꿈에 다가가기 위해 남극 관측대 동행 의사 모집에 지원한 적도 있다. 남극에서 작업할 때 필요할지도 모른다는 생각에 중장비를 운전할 수 있는 대형 특수 면허까지 따며 준비에 안간힘을 쏟았다.

하지만 결국 선발되지 못했다. 눈앞이 캄캄했지만, 달리 길이 없어 그대로 외과 의사 수련을 이어갈 수밖에 없었다.

지금 돌이켜보면, 만약 그때 남극에 갔더라면 외과 의사로서 어중간한 길을 걷고 있었을지도 모른다. 만약 신이 존재한다면, 아마 나에게 남극에 가지 말고 외과 의사가 되라고 말하지 않았을까.

그렇게 생각하면, 나는 역시 운이 좋았던 것 같다.

직장이나 직업을 선택할 때 내가 중요하게 생각하는 한 가지가 있다. 거듭 말하지만, 그건 '내가 선택한 길이 나중에 옳은 선택이었다고 믿을 수 있도록, 현실을 비틀어놓을 만큼의 노력'이다.

'지금 있는 그 자리에서 꽃피워라'라는 말이 있다. 어떤 자리에 놓이게 되느냐는 결국 운에 달려 있다. 늘 원하는 곳에만 갈 수 있는 사람이 과연 얼마나 될까? 때로는 마음에 들지 않는 자리일지라도, 지금 있는 자리에서 주어진 일에 몰두하는 것이 중요하다. 진정으로 가고자 하는 목적지는 그 몰두의 끝에서 비로소 모습을 드러낸다.

그렇게 말하기는 했지만, 사실 절반쯤은 거짓말을 했다. 지금 있는 그 자리가 도저히 어찌할 도리가 없는, 아무런 의미도 없는 곳일 때는 통하지 않는다. 거기서 아무리 애를 써도, 네가 가고 싶은 곳과 영영 연결되지 않는 경우도 분명히 있다.

만약 정말 그렇다고 느꼈다면, 가능한 한 빨리 미련을 접는 게 좋다. 어떻게 해야 내가 원하는 곳에 도달할 수 있을지를 치열하게 고민해야 한다.

그리고 떠오르는 일은 무엇이든 실행에 옮겨봐야 한다. 잘 아는 사람에게 묻기도 하고. 그 과정에서 바보 취급을 당하거나 비웃음을 살 수도 있다. 그래도 내가 원하는 곳에 가기 위해 멈추지 말고 계속 행동해야 한다.

자, 이제 '두 가지 노력'에 대해 이야기해 보자. '지금 있는 그 자리에서 꽃피우기 위한 노력'을 맹목적 노력이라 한다면, '가고 싶은 곳에 도달하기 위해 끊임없이 고민하고 행동하는 노력'은 전략적 노력이다.

맹목적 노력은 겉보기엔 아름답고, 누구나 칭찬하지만 나는 그것이 반드시 좋은 것이라고는 생각하지 않는다.

막연히 장래에 어떤 사람이 되고 싶다는 이유만으로 눈앞의 일에 매달리기보다, 내가 원하는 모습으로 성장하기 위해 무엇을 어떻게 해야 할지를 먼저 고민하는 편이 훨씬 가치 있다. 정보를 모으고, 어떤 일에 힘을 쏟는 것이 가장 효과적인지를 따져보며 방향을 잡는 데 정성을 들이는 것이 결국 더 나은 결과로 이어진다.

그렇게 여러 사람에게 내가 꿈꾸는 모습을 말하다 보면, 반드시 행운이 찾아온다. 행운, 즉 인생의 문을 여는 열쇠는 하늘에서 뚝 떨어지는 것이 아니라, 네 주변의 누군가가 가져다주는 것이다. 그 누군가는 친구일 수도 있고, 부모나 선생님일 수도 있다.

2

24시간
쉼 없이 돌아가는 직장에서

:: 도쿄행, 수련, 그리고 힘겨운 날들

2007년, 가고시마대 의학부를 졸업한 나는 직장이 있는 도쿄로 이사했다. 익숙한 것 하나 없는 이 낯선 대도시에 도착하자, 마음속 깊은 곳에서 막연한 불안이 피어올랐다.

요코하마에서 태어나고 자랐다고 해서 도쿄를 잘 안다고 생각하는 것은 큰 착각이다. 요코하마 사람들은 하나같이 자신이 사는 도시가 최고라고 굳게 믿고 있어, 패션이든 미식이든 여가 생활이든, 웬만한 것은 모두 요코하마 안에서 해결한다. 가끔 시부야나 신주쿠에 갈 일이 생기면 우리는 그것을 '상경'이라 불렀다. 그 한마디 속에는 '사람만 북적거릴 뿐 아무런 매력도 없는 곳에 마지못해 간다'는 은근한 경멸이 담겨 있었다.

그래서 나는 도쿄에 대해 아무것도 몰랐다. 시부야에 세 번, 하라주쿠에 두 번, 신주쿠에 한 번 가본 것이 전부였다. 도쿄 지리를 전혀 모른다는 사실은 내게 막연한 불안을 안겨주었다. 그 불안은 뜻밖의 방식으로 해소되었다.

도쿄도립 고마고메병원. 이곳이 나의 첫 직장이었다. 나는 외과계 수련의로 채용되었다.

그 병원은 수련병원으로도 꽤 이름난 곳이었다. 그곳에 합격했다는 사실만으로도 나는 기뻤다. 수련이 시작되자 나는 병원 부지 안에 있는 기숙사에서 지내게 되었다. 기숙사는 의사 전용 무선전화가 언제나 연결되는 범위 안에 있었다.

기숙사 방에서 흰 가운을 입고 병원까지 1분 남짓 걸어 출근하고, 일을 마치면 가운을 입은 채 다시 방으로 돌아왔다.

입사 후 첫 일주일은 오리엔테이션 기간으로, 지루한 강의가 이어졌다. 동기는 모두 12명이었고, 그중 11명은 의사, 나머지 한 명은 치과의사였다. 우리는 금세 가까워졌다.

근무를 마치고 나면 우리는 매일 수련의실(꽤 낡은 방이었다)에 모여 이런저런 이야기를 나누곤 했다.

거의 모두가 기숙사 생활을 했기 때문에 대화는 자연스럽게 누군가의 방으로 자리를 옮겨 계속 이어졌고, 그곳에서 술을 마시며 밤늦게까지 이야기를 나누었다. 다들 개성이 강했지만, 우리는 즐겁게 잘 어울렸다. 그때는 그중 한 명이 훗날 내 여동생과 결혼하게 될 줄은 상상도 하지 못했다. 하지만 평온한 날은 오래 가지 않았다.

처음 배치된 곳은 식도 외과였는데, 병원 내에서 가장 힘든 부서였다.

나는 아침 6시부터 병동을 돌며 환자들의 혈액을 채취했다. 그리고 밤 9시에 일이 끝나면 외과 의사들과 함께 역 앞에 있는 와타미라는 술집으로 가 술잔을 기울였다. 제법 취할 때까지 마신 뒤에는 어김없이 노래방으로 향했다. 그곳에서 어떤 상사는 옷을 훌훌 벗고 노래를 부르곤 했다.

그렇게 밤을 보낸 다음 날도 어김없이 아침 6시에 다시 근무가 시작되었다.

평균 연령이 39세라는 소문이 돌던 병동 간호사들은 나를 '선생님'이라 부르지 않고, '유지로'라고 불렀다.

월급은 대략 27만 엔 정도였다. 세금이며 이것저것 공제되고 나면 손에 쥐는 돈은 고작 20만 엔 남짓이었지만, 욕실과 화장실이 공동인 다다미 여섯 장 크기의 기숙사 방이 한 달에 몇 천 엔밖에 하지 않아 그나마 다행이었다. 그런데도 의학서적 같은 책들을 잔뜩 사느라, 돈은 전혀 모으지 못했다.

토요일과 일요일에도 대부분 아침 7시부터 오후 5시까지는 근무해야 했기 때문에 도쿄 시내로 나갈 시간조차 없었다. 그러니 도쿄 지리를 알 필요도 없었다. 어쨌든 나는 지칠 대로 지쳐 있었다.

아침이 오지 않으면 좋겠다고 생각했지만, 아침은 어김없이 찾아왔다.

내 인생에서 가장 힘든 한 달이 아니었나 싶다. 언젠가 소설로 써서 갚아 줘야지, 하고 생각할 겨를도 없었다. 그렇게 나의 수련의 생활은 시작되었다.

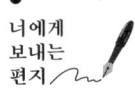

'어쨌든 살아남기'가 유일한 목표였던 한 달이었다. 쓰러지지 않도록 겨우겨우 체력을 유지하며 버텼다. 지금 이렇게까지 힘들게 일하는 사람은 아마도 없을 것이다. 다른 무언가를 할 여유는 전혀 없었다. 정신적으로도, 육체적으로도 완전히 한계였다.

외과 선배 의사들은 매우 엄격해서 말 한마디 건네는 것도 무서울 정도였다. 간호사들과의 관계도 순탄치 않았다. 나는 정말 아무것도 할 줄 몰랐기 때문이다. 간호사들이 무슨 말을 해도 하나도 알아듣지 못했고, 약 이름조차 전혀 몰랐다. 게다가 간호사들 대부분은 나보다 나이가 많았다.

"너, 코털 나왔어" 하고 깔깔 웃는 그런 분위기였다고 하면, 상상이 갈까?

그런 나를 구해 준 건 동기들뿐이었다.

토요일 저녁, 일이 끝나면 나는 수련의실로 돌아왔다. 그곳에는 이번에 수련의가 된 동기들과 1년 선배 수련의들이 있었다.

나는 그날 있었던 힘든 일을 털어놓고, 마음에 들지 않았던 간호사 이야기도 했다.

그러자 모두 "그거 진짜 힘들었겠다", "나도 그 간호사한테 당한 적 있어" 하며 위로해 주었다.

친구란, 정말 힘들 때일수록 더 큰 힘이 되는 존재다. 잠깐 얼굴만 마주쳐도 바짝 조여 있던 긴장의 끈이 스르르 풀리곤 한다. 우리는 지금도 1년에 한 번씩 모여 옛이야기를 나누며 웃음을 나눈다.

혹시 지금 네가 취직한 곳이 너무 힘들고, 푸념 한마디 나눌 동료조차 없는 직장이라면, 언제든지 전화해. 맛있는 초밥이나 먹으러 가자. 꼭 내가 아니어도 괜찮아. 학창 시절 친구라도 좋아. 누군가와 잠시 이야기하고 웃다 보면, 마음이 훨씬 가벼워질지도 몰라.

3

'넘어야 할 벽'에
부딪혔을 때

▪▪ 수련의의 하루

가고시마대 의대를 졸업한 나는 그해 봄부터 도쿄의 한 병원에서 수련의 생활을 시작했다.

첫 한 달은 외과 중에서도 가장 바쁘고 힘든 과로 알려진 식도외과에 배치되었다. 하지만 현장에 이제 막 나온 수련의가 할 수 있는 일은 거의 없었다.

"야마다 님, 오늘로 수액 처방이 끝났습니다."

"스즈키 님, 진통제를 원합니다."

이렇게 간호사가 화이트보드에 적어둔 내용을 하나씩 전자 차트에 입력하고 해결해야 했다. 그런데 그게 생각만큼 쉽지는 않았다.

의대생 시절에는 수액이나 약을 처방할 기회가 없었고, 그 방법도 전혀 모르는 데다, 병원에서 사용하는 후지쓰 전자 차트는 사용하기 무척 어려웠다.

물어볼 수 있을 만한 사람이라고는, 산업의과대학 출신 3년 차 의사 Y와 도호쿠대학 출신 4년 차 의사 H 정도뿐이었다.

"딱 한 번만 말할 테니까, 잘 들어요."

조정부 출신답게 건장한 체구를 지닌 H가, 당직을 마친 지친 몸으로 그렇게 말했다. 그리고 그는 넓은 등을 내 쪽으로 돌린 채, 거의 들리지 않을 만큼 낮은 목소리로 "진짜 죽여버리고 싶다니까" 하고 혼잣말처럼 중얼거렸다.

배우 나카무라 시도를 닮은 잘생긴 Y는 상냥한 사람이었다. 하지만 예전에 일하던 병원에서 담뱃불을 제대로 끄지 않아 기숙사 전체를 불태우고 해고당했다는 소문이 돌았다.

어딘지 모르게 위험한 기운이 감도는 두 사람이기에, 선뜻 나가가 말을 걸거나 질문을 던지기조차 쉽지 않았다. 결국 내가 마음을 열고 의지할 수 있었던 사람은 연륜이 느껴지는 나이 든 간호사뿐이었다.

"그럼, 무슨 일 있으면 전화해요."

그날 중환자실에는 위중한 환자가 있었고, 상사는 병원에 남아 상황을 지켜보라고 지시했다. 간이침대에 누웠지만, 불안감만이 가슴을 짓눌렀다.

'무슨 일 있으면'이라는 말이 대체 무슨 뜻인지, 무슨 일이 생기면 어떻게 대응해야 하는지, 중환자실에는 얼마나 자주 가봐야 하는지 알 수가 없었다. 결국 한숨도 자지 못한 채 다음 날 근무를 시작했다. 의자에 앉아 아침부터 꾸벅꾸벅 졸고 있는 나를 보고, 어떤 간호사는 나무랐고 또 어떤 간호사는 살며시 초콜릿을 놓고 갔다.

4월 중순이 되자, 매일 아침 6시부터 입원 환자들의 혈액 검사를 하라는 지시를 받았다. 처음 며칠은 Y가 함께해 주었는데, 그 채혈 솜씨는 감탄이 나올 정도였다. 옆에서 지켜보며, 나도 빨리 저렇게 능숙해졌으면 좋겠다는 생각이 들었다.

아침 5시 반에 일어나 기숙사 공용욕실에서 샤워한 뒤, 흰 가운을 입고 출근했다. 병동에 도착해서는 곧장 은색 카트를 끌고 채혈할 대상 환자들을 찾아다녔다. 하루에 대여섯 명 정도였지만, 처음에는 한 시간이나 걸렸다. 채혈을 마치면 온몸이 땀으로 흠뻑 젖을 정도였다. 조금씩 익숙해지면서 속도는 빨라졌지만, 한 번이라도 실수한 환자에게 다시 가면, 그 환자는 노골적으로 불쾌한 표정을 지었다.

"죄송합니다."

고개를 숙이고 다시 바늘을 찌를 때의 그 압박감은 견디기 어려웠다.

팔에서 3mm의 혈관을 찾고 거기에 1mm의 바늘을 찌른다. 혈관을 정확히 찔렀다면, 움직이지 않고 주사기로 천천히 피를 뽑는다. 검붉은 정맥혈을 10cc 정도 뽑으면, 통증이 없도록 재빨리 바늘을 빼고 곧

바로 눌러준다. 이런 기술들을 하나하나 쌓아가다 보면, 언젠가는 복잡한 수술도 아무렇지 않게 해내는 외과 의사가 될 거라고 믿었다. 그렇게 믿는 수밖에 없었다.

18년 전의 나에게 말해주고 싶다. 그게 정답이었다고.

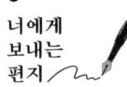

이번에는 내가 어떤 식으로 수술 실력을 갈고닦았는지 이야기
해보겠다. 이 이야기는 네가 외과 의사가 되지 않더라도 분명 도움
이 될 것이다. 전략을 어떻게 짜고 어떤 순서로 단계를 밟아나갔는
지를 보여주는 실제 이야기이기 때문이다.

애초에 나는 손기술이 특별히 뛰어난 편은 아니었다. 학과에서
중간보다는 위였지만, 다섯 손가락 안에 들 정도는 아니었다. 하지
만 '정해진 시간 안에 종이학 열 마리 접기' 같은 일이라면 꽤 잘하
는 편이었다.

수술을 잘하려면 수술을 해보는 수밖에 없다. 하지만 수술을 잘
못하는 사람에게는 위험해서 수술을 맡길 수가 없다. 이런, 농담
같은 무한 루프에서 어떻게든 한 번은 빠져나와야 수술을 맡을 수
있다. 이 사실을 깨달은 것은 외과 의사가 된 뒤였다.

그래서 나는 어떻게 하면 수술을 잘할 수 있을지를 끊임없이 고
민했다. 그리고 수술을 잘하는 외과 의사들을 찾아가 하나하나 물
어보았다. 그 결과, 나는 세 가지 중요한 점을 알게 되었다.

첫째는, 수술 과정을 가능한 한 많이 지켜봐야 한다는 것이다.
먼저 눈으로 익혀야 손이 따라간다는 말을 들은 적이 있다. 먼저
관찰을 통해 눈으로 익히고 나서야, 손도 비로소 그 기술을 따라갈

수 있다는 의미다. 그래서 나는 시간이 날 때마다 수술실로 가서 수술을 지켜보았다.

상당히 집중해서 지켜봤기 때문에 15도로 설정된 시원한 수술실에서 서서 보기만 했는데도 온몸이 땀으로 젖곤 했다. 같은 또래 중에서 수술을 나보다 많이 지켜본 사람은 없을 정도로 수술실을 드나들었다. 그 덕분에 말로 설명하기 어려운, 몸으로 체득하는 지식이 차곡차곡 쌓여갔다.

예를 들어, 간호사들이 주고받는 전문용어나 타이밍, 상사의 말버릇이나 기분 변화, 수술실 전체의 분위기 같은 것들 말이다. 상사들로부터 '잘은 모르겠지만, 늘 수술을 견학하러 오는 녀석'이라며 좋은 평가를 받은 것도, 어찌 보면 운이 좋았다.

그리고 두 번째는, 공부를 많이 해야 한다는 점이다. 인체 구조는 생각보다 훨씬 복잡해 외워야 할 혈관과 신경이 매우 많다. 모든 기술에는 요령이 있기 마련인데, 예를 들어 위로 당기기보다 앞으로 당기는 편이 더 잘된다는 식의 정보도 익혀야 한디.

그래서 나는 수술 교과서를 몇 번이고 되풀이해 읽었고, 수술 중에는 외과 의사에게 질문했다. 그리고 수술이 끝난 뒤에도 다시 물어가며 노트에 하나하나 정리했다. 봉합법 하나만 봐도 다카하시 선생님의 방식과 오하시 선생님의 방식이 서로 달랐다. 외과 의사마다 수술 방식이 다른 것을 보며, 마치 입시 공부를 하는 것 같다는 생각이 들었다.

그리고 손기술도 좋아야 한다. 손기술의 수준은 사람마다 다르다. 어릴 때부터 유난히 손끝이 야무진 사람이 있는가 하면, 아무리 봐도 외과의는 하지 않는 게 낫겠다는 생각이 들 만큼 손끝이 무딘 사람도 있다.

앞서 말했듯이, 나는 중상 정도의 실력밖에 되지 않았기 때문에 그만큼 더 많은 연습이 필요했다. 하지만 학생 때와 달리, 병원에서 일을 병행해야 했기 때문에 연습할 수 있는 시간은 한정되어 있었다. 그래서 쉬는 날엔 집에서, 외출 중에는 전철 안에서 틈틈이 손을 움직이며 연습했다.

'매듭 묶기'는 외과 의사라면 누구나 빠르고 정확하게 실을 서너 번 묶을 수 있어야 하는 기본 기술이었다. 나는 이 기술이 손에 익을 때까지 매일같이 반복해서 연습했다. 어느 정도 매듭을 묶는 데 익숙해지자, 이번에는 왼손으로 젓가락을 들고 밥을 먹기 시작했다. 식사 시간까지 연습 시간으로 활용하면 시간도 절약할 수 있겠다는 생각에서였다. 물론 처음에는 제대로 먹지 못해 스트레스를 받았지만, 덕분에 식사량이 줄면서 자연스럽게 체중 감량 효과까지 얻을 수 있었다.

꼬박 2년을 연습한 끝에 왼손으로 뭐든지 집을 수 있게 되자, 열심히 애쓴 자신에게 보상을 주고 싶다는 마음으로 장어덮밥을 먹었다(왼손으로 먹기 가장 어려운 음식이 장어덮밥이었다). 그리고 그것을 마지막으로 왼손으로 먹기는 끝을 냈다. 이 '왼손 젓가락 트레이닝'

은 내가 집필한 수술 교과서에도 연습 방법 중 하나로 소개했다.

사람의 마음을 얻는 비결

물론 이 세 가지를 열심히 한다고 해서 곧바로 수술을 맡게 되는 것은 아니다. 상사가 '나카야마에게 한번 맡겨 볼까' 하는 생각을 해야 하기 때문이다.

오해하지 않도록 분명히 말해두자면, 수술은 주치의의 책임 아래 안전하게 진행할 수 있다고 판단될 때만 젊은 의사에게 집도를 맡긴다. 주치의는 수술을 지도하고, 그 결과에 대한 모든 책임을 진다.

나를 포함한 젊은 의사들은 어떻게든 수술을 직접 해보고 싶어 안달이 나 있었다. 하지만 수술 건수는 한정되어 있었다.

그래서 나는 상사가 '나카야마에게 한번 맡겨 볼까' 하고 생각히게 만들려면 어떻게 헤야 할지를 고민했다. 이게 바로 '건략'이라는 것이다.

우선, 상사의 눈에 띄어야 한다. 쉽지는 않지만, 가장 이상적인 방법은 자연스럽게 친해지는 것이다. 물론, 상사에게 굽실거리거나 잘 보이려고 아부하는 방법도 있다. 하지만 나는 그런 방식은 내키지 않았다.

그 대신, 기죽지 않고 상사에게 거침없이 질문을 던지고 말을 거는 용기는 있었다. 그래, 이거다 하고 생각한 나는 그날부터 상사들에게 적극적으로 말을 걸고 질문하기 시작했다. 회식 자리에서도 먼저 다가가 "왜 외과 의사가 되셨어요?"부터 "사모님은 어떤 분이세요?"까지 가리지 않고 뭐든 물어봤다.

그러자 자연스레 상사인 외과 의사들과 가까워졌다(물론 그중에는 건방지다며 나를 싫어한 사람도 있었다. 당시 외과 의사 중에는 무엇보다 고분고분한 태도를 중시하는 이들도 적지 않았다).

그렇다고 해서 그 정도만으로 수술을 집도하게 되는 것은 아니다. 거기에 더해, '열의'를 보여주는 것이 중요하다고 나는 생각했다.

상사로 하여금 '나카야마가 이렇게까지 열심히 하는데, 맡기지 않을 수 없다'고 생각하게 만들 만큼의 열의를 보여야 한다. 그렇다면 그 열의를 어떻게 드러낼 수 있을까? 방법은 의외로 단순하다.

나는 아침 일찍 병원에 나와 잡일을 도맡았고, 밤에는 가장 늦게까지 남아 후배들을 지도했다. 또 잠시라도 시간이 나면 내 업무와 직접 관련 없는 수술까지 꼭 참관했다. 수술 외의 일, 이를테면 학회 발표나 논문 작성 같은 일에도 온 힘을 쏟았다.

그 무렵 나는 남들보다 세 배는 해야 한다고 마음먹었고, 실제로 세 배는 했다고 생각한다.

그러기 위해 나는 밤늦도록 병원 책상 앞에 앉아 있어야 했고, 휴일에도 쉬지 않고 혼자 병원에 남아 있어야 했다. 그렇게 해서 나는 젊은 외과 의사 가운데 역대 처음으로 복강경을 이용한 큰 수술을 집도하게 되었다(물론 상사의 지도를 받으며 진행했지만).

이 소식을 들은 1년 선배는 "뭐라고? 나카야마가 수술을 집도했다고? 어떻게 그런 일이!" 하고 의국에서 큰 소리로 외칠 정도였다.

나는 선배의 반응이 당연하다고는 생각하지 않았다. 그러나 내가 세운 전략은 분명히 옳았고, 그 전략에 맞추어 기울인 노력 또한 충분했다고 생각한다.

어떤 일이든 반드시 넘어야 할 벽이 있기 마련이다. 그 벽 너머로 나아가 문을 열어젖힐 열쇠는 사람마다 각기 다르다. 자신에게 맞는 열쇠를 찾으려면 자기 머리로 자신에게 알맞은 전략을 세워야 한다. 전략을 세웠다면 그다음은 그저 죽기 살기로 매달릴 수밖에 없다. 이것은 어떤 일이든 통하는 삶의 진리다.

정면 돌파는
인생의 문을 여는 열쇠

▪▪ 3개월간의 마취과 수련의 생활

4월 한 달 동안 나는 식도외과에서 수련의 생활을 했다. 지금도 그 치열했던 한 달을 종종 떠올린다.

어둑한 새벽 5시 반, 수련의 기숙사 공용욕실에서 했던 뜨거운 샤워. 일주일에 단 하루뿐인 휴일, 일요일 저녁에 이케부쿠로 서점에서 바라보던 주황빛 석양. 그렇게 정신없이 보내는 사이 4월이 지나갔고, 5월이 되자 나는 마취과로 자리를 옮겨 수련의 생활을 이어갔다.

마취과의 수련 환경은 식도외과에 비하면 그야말로 천국 같았다. 아침 7시 반부터 근무를 시작하니 제법 여유가 있었고, 매일 점심도 제대로 챙겨 먹을 수 있었다. 게다가 저녁 7시면 업무가 끝났다.

마취과는 말 그대로 수술받는 환자에게 마취를 시행하는 곳이다. 외과 의사가 되겠다고 마음먹은 나는 2년간의 수련 과정에서 마취과를 가장 중요한 과라 여기며, 꼭 제대로 배우고 싶다는 열정을 품고 있었다. 마취 없이는 수술 자체가 불가능하기 때문이다. 마취과에는 다섯 명의 전문의가 있었고, 모두가 한결같이 따뜻하고 친절했다.

그중에서도 '성실한 미인'이라는 표현이 꼭 어울렸던 S 선생님은 처음엔 다소 엄격한 인상이었지만, 나에게 많은 지도를 아끼지 않았다. 맑은 에메랄드빛 테가 돋보이는 세련된 안경을 쓴, 풍만한 체형의 S 선생님은 수련의들 사이에서도 제법 인기가 있었다. 조금 가까워진 뒤에는 어깨가 뻐근하다며 내게 주물러 달라고 했고, 나는 얼굴이 붉어진 채로 몇 번인가 조심스레 어깨를 안마해 주었다.

S 선생님이 훗날 나의 아내가 되었다고 하면 재미있겠지만, 물론 그런 사이는 아니었다. 그런데도 외과 의사에게 시달리거나 후배 지도를 두고 고민이 생길 때면, 나는 늘 S 선생님에게 상담을 청했다.

"유지로는, 지금처럼만 하면 돼."

담담하게 건네던 그 목소리는 지금도 내 마음속 보물상자에 고이 담겨 있다.

마취과에는 내 고등학교 동창 N이 상사로 있었다.

고등학교 시절부터 '천재'라 불리던 N은, 도쿄대 의대에 무난히 합격할 실력을 갖추고도 실전에서 제 실력을 발휘하지 못했는지 아쉽게 고배를 마셨다. 대신 게이오대 의대와 도쿄의과치과대에 동시 합격해 나보다 2년 먼저 의사가 되었다.

고등학교 동창이 상사라는 사실은 솔직히 참기 힘든 굴욕이었다.

그런데 어느 날, 수술실에서 마취를 진행하던 N이 조용히 중얼거렸다.

"왜 나는 이런 일을 이렇게 못하는 걸까?"

믿기 어려운 말이었다. 하지만 실제로 병원 안에서 그에 대한 평판도 비슷했다. 한때 '천재'라 불리던 사람이, 단순 작업의 반복이 대부분인 임상의사의 일에 어려움을 겪고 있다니, 놀랍기도 했지만 이상하게도 그때부터 N이라는 사람에게 조금씩 호감이 가기 시작했다.

마취과는 어쨌든 '찔러 넣는' 일이 많다. 전문의의 지도 아래 시행한 정맥 주사, 기관 삽관, 척추 마취 등, 그때 익힌 기술은 지금 외과의사로서의 나를 든든히 떠받치는 기반이 되었다. 3개월간의 마취과 수련은 순식간에 지나갔다.

요령만으로는 안 되는 이유

나는 지금도 수련의로 지낸 2년을 자주 떠올린다.

그만큼 힘들었기 때문이다. 어느 땐 그때 좀 더 적당히 넘길 걸 그랬나 싶기도 하고, 또 어느 때는 좀 더 잘할 수 있었을 텐데 하는 아쉬움이 밀려온다. 그래도 정신적으로 무너지지 않고 견뎌낸 나 자신이 대견하다고 생각한다.

그 시절, 내가 저질렀던 가장 큰 실수는 정면으로 맞서지 않았다는 점이었다. 괴로웠다면, 그 괴로움이 어디에서 비롯된 것인지 생각했어야 했다. 잘 몰랐다면, 솔직히 모르겠다고 털어놨어야 했다.

하지만 나는 혼나는 게 두려워 어떻게든 요령껏 넘기려는 생각만 했다. 그런 나를 꿰뚫어 본 엄격한 의사들에게 나는 철저히 미움을 받았다. 눈에 띄고 싶어 하고 좋은 것만 차지하려 하면서도 정작 힘든 노력은 어떻게든 피하려 드는 사람. 그들에게 나는 분명 그런 인간으로 보였을 것이다.

나는 말 걸기 어려운 사람이나 하기 힘든 일은 의도적으로 조금씩 피해 왔다. 요컨대 정면으로 돌파하기보다는 수고도 덜고 상처도 받지 않으려 옆길로 돌아가려 했던 것이다.

누군가에게 상담이 필요할 때면, 늘 마취과 여의사 S 선생님만 찾았다. 무섭고 까다로운 아저씨 외과 의사들에게 정면으로 부딪치고 싶지 않았기 때문이다. S 선생님이라면 분명 나를 칭찬해 주고, 등을 토닥여줄 거라는, 그런 얄팍한 계산이 내 안에 있었다. 역시 나는 비겁했다.

분명 S 선생님은 내가 왜 외과 상사가 아니라 자신에게만 의지했는지를 알고 있었을 것이다. 그리고 그것이 결국 본질에서 도망치려는 행위라는 사실도 이미 꿰뚫고 있었을 것이다. 그런데도 S 선생님은 나를 밀어내지 않고 묵묵히 들어주었다. 지금 생각해도 참 고마운 일이다.

한 편집자가 내게 물었다. "사람의 마음을 얻기 위해 1년 차가 알아두어야 할 것은 무엇일까요?"

그런 것이 정말 있다면 오히려 내가 알고 싶었다. 하지만 지금, 상사의 입장이 되어 돌아보면 이런 생각이 든다.

정직하고 솔직하게, 피하고 싶은 자리에도 주저하지 않고 부딪치는 사람이라면 그 사람이 남자든 여자든, 능력이 뛰어나든 부족하든 분명히 나는 그에게 호감을 느꼈을 것이다.

정직함과 솔직함, 그리고 정면 돌파. 나는 이것이 그 무엇보다 중요하다고 생각한다.

사실, 이 말은 내 말이 아니다. 나를 작가로 만들어 준 전설적인 편집자이자, 겐토샤 사장인 겐조 도루 씨가 한 말이다.

내가 겐조 씨에게서 이 말을 들은 것은 서른네 살 때였다. 마치 번개를 맞은 듯한 충격과 함께, 너무나 부끄러웠다. 늘 어물쩍 얼버무리며 상황을 모면해 온 약삭빠른 모습까지 간파당하고 지적받았기 때문이다.

그때부터 나는 될 수 있는 한 사람들에게 성실하고 정직하게, 그리고 가능한 한 솔직하게 대하려 애써왔다.

물론 여전히 여우처럼 약삭빠른 예전의 나로 돌아갈 때도 있다. 그렇긴 해도 조금씩이나마 정면을 피하지 않고 부딪쳐왔다고 생각한다.

내 차례는 좀처럼 오지 않았다

정면 돌파는 옆길로 돌아가는 것보다 자신에게 미치는 타격이 훨씬 크다. 방어해 봤자 소용도 없다. 하지만 일단 돌파하고 나면, 그 결과는 완전히 다르고, 느껴지는 상쾌함도 비교할 수 없다.

서른여섯 살 되던 해, 도쿄에서 후쿠시마에 있는 병원으로 옮겼는데, 그때 나는 인생에서 가장 혹독한 시련을 겪었다. 뒷전으로 밀려난 것이다.

외과 의사에게 있어 가장 크고도 유일한 보상이 무엇인지 아는가? 돈이 아니다. 시간도 아니다. 술… 물론 좋아하지만, 그것이 전부는 아니다.

정답은 바로 '수술을 하는 것'이다.

이상하게 들릴지도 모르지만, 이것은 분명한 진실이다.

외과 의사는 누구나 수술을 하고 싶어서, 그리고 자신의 손으로 환자를 고치고 싶어서 이 길을 택한다. 그리고 지금도 그 일을 계속하고 있으며, 좀처럼 그만두지 않는다. 나는 후쿠시마 병원으로 자리를 옮긴 뒤 수술할 기회를 기다렸지만, 석 달 동안 단 한 건의 수술밖에 집도하지 못했다.

당시 내 나이와 경력을 고려하면, 수술이 필요한 환자의 주치의를 맡게 될 경우, 내가 직접 수술을 집도하는 것이 원칙이었다. 실제로 내가 담당하던 외래 진료(주 1회)에서 대장암 환자가 배정되기만 하면 그 수술은 내가 맡게 되어 있었다. 하지만 끝내 그런 환자는 한 명도 배정되지 않았다. 요컨대 애초부터 수술 기회 자체가 주어지지 않았다는 뜻이다.

처음에는 나도 어쩔 수 없다고 생각했다. 그 병원에서 10년, 20년씩 일해온 외과 의사들에게 나는 그저 외부에서 온 외지인일 뿐, 나를 뒷받침해 줄 어떤 배경도 없었기 때문이다.

하지만 이대로라면 내 실력이 녹슬어버릴 테고, 외과 의사로서 이곳에서 계속 일할 수도 없게 된다. 그건 또 다른 상사와의 약속을 어기는 일이 되기 때문에 절대로 있어서는 안 되는 일이었다.

그렇게 생각한 나는, 정면 돌파를 하기로 마음먹었다. 환자를 배정받기 위해 미리 주변에 손을 써 두는 방법도 있었지만, 그것은 옳지 않다고 생각했다. 며칠에 걸쳐 '환자 배정 방안'에 관한 문서를 작성해, 상사인 T 선생님에게 제출했다. 대장외과 전문의 네 명에게 환자를 고르게 분배하는 내용이었다. 그러자 T 선생님은 "이런 건 말이지, 회식 자리에서 풀어가는 게 좋지 않겠나?"라고 말했다.

나는 대장 전문 외과 의사들을 불러 고리야마역 앞에서 술자리를 마련했다. 건배를 하고 본론이 나오기만을 내심 기다렸지만, 이야기는 좀처럼 그쪽으로 흘러가지 않았다.

회식이 시작된 지 한 시간이 지나서야 T 선생님이 입을 열었다.

"너한텐 수술 맡길 생각 없어. 지금 리더는 나고, 다음 리더는 이 친구야."

그러면서 병원에서 10년 넘게 근무해온 외과 의사를 가리켰다.

그러고는 "가로챌 생각인가?"라고 덧붙였다.

순간 눈앞이 캄캄해졌지만 애써 표정을 다잡고, 그 자리를 가로챌 생각은 없다고 말했다. 다음 리더는 그 선생님이면 됐으며, 나에게는 그런 야심이 없다는 뜻도 전했다.

T 선생님은 뜻밖이라는 표정을 지으면서도 안도한 기색을 감추지 못했다. 그 후 나는 수술을 집도할 수 있게 되었다. 결코 우연이 아니었다. 그곳에서 익힌 로봇 수술 기술이 나를 또 한 번 도약하게 만들었다. 변변한 직함 하나 없는 내가 업계의 중진들만이 집필해 오던 수술 교과서도 여러 권이나 쓰게 되었다.

'정면 돌파'가 내 인생의 문을 여는 열쇠였던 셈이다.

동기의 죽음이
가르쳐준 것

■■ 심폐소생술

1개월간의 혹독한 식도외과 수련을 마치고, 이어서 3개월간의 마취과 수련과 내과 수련을 마쳤다. 남은 10개월은 위, 대장 등 다양한 외과 분야에서 수련을 이어갔다.

그날은 초겨울의 일요일 아침이었다. 외과 수련에 완전히 지쳐 있던 나는 문밖에서 들려오는 발소리에 잠에서 깼다. 누군가 대화를 나누는 소리도 어렴풋이 들려왔다.

병원 부지 안에 있는 낡은 기숙사 2층에 살고 있어 창밖으로 기숙사 주변에 차가 도착하는 기척까지 느낄 수 있었다.

하지만 몸은 마치 손발에 쇠사슬이라도 묶인 듯 무거웠다. 도저히 일어날 수가 없었다. 일주일에 단 하루, 아침 7시까지 푹 잘 수 있는 일요일이었다. 나는 다시 얇은 이불을 덮고 잠에 빠져들었다.

7시에 간신히 일어나 공용 욕실로 갔다. 뜨거운 샤워로 잠을 깨고 나서 방으로 돌아와 흰 가운을 입었다.

병원에 도착하자마자 평소처럼 외과 환자들의 상태를 한눈에 볼 수 있는 '환자 경과 기록표'를 확인했다. 거기에는 환자별 체온, 맥박, 식사량, 배변 횟수 등이 적혀 있었다.

약 30명의 기록을 다 봤을 때쯤 2년 선배 의사가 다가왔다.

"나카야마, 큰일 났어!"

그의 얼굴은 창백하게 질려 있었다.

"지금 당장 응급실로 가봐!"

나는 무슨 일인지도 모른 채 응급실로 내달렸다. 담당 환자가 급변한 건가, 대량 출혈이 났나, 누가 난동을 부린 건가, 별의별 생각이 스쳤다.

엘리베이터를 기다릴 겨를도 없어, 9층에서 1층까지 계단을 단숨에 뛰어 내려갔다. 응급실에 도착하니, 사람들로 북적였다. 의사만 해도 스무 명은 넘는 듯했다.

그 틈새로 보인 광경에 나는 내 눈을 의심했다. 한 동기 수련의가 침대에 누워 있는 다른 동기에게 심폐소생술을 하고 있는 것이 아닌가!

입에는 투명한 튜브가 삽입되어 있었고, 기도 삽관도 완료된 상태였다.

심정지임이 분명했다.

나는 큰 소리로, 가장 친했던 그 동기의 이름을 불렀다. 주변에 있던 의사들이 번갈아 가며 심폐소생술을 시행했고, 2분에 한 번씩 강심제가 투여됐다. 나는 그저 멍하니 서 있을 뿐이었다.

잠시 후, 3년 선배 의사에게 말했다.

"심폐소생술, 제가 해보겠습니다."

그는 이렇게 답했다.

"후기 수련의에게만 맡기고 있어."

그래서 나는 다시 말했다.

"그래도, 시켜주세요."

내 눈을 보고 그는 결국 허락했다.

그 뒤로 얼마나 시간이 흘렀을까. 멀리 결혼식 참석으로 자리를 비운 한 명을 제외한 동기 전원이 모였다. 그리고 각자 돌아가며 심폐소생술을 이어갔다.

무슨 일이 있었는지는 아무도 정확히 알지 못했다. 그날 아침 차가운 몸으로 발견되었기 때문이다. 가족이 도착한 뒤 사망이 공식 확인되었다.

그날, 우리는 동기 전원이 근처 꼬치구이집에 모여 함께 울었다.

다음 날, 눈이 퉁퉁 부은 채 나는 조수 역할을 하기 위해 아침부터 수술실로 향했다.

슬리퍼로 갈아 신으려는 순간, 한 슬리퍼가 눈에 들어왔다. 슬리퍼에는 세상을 떠난 동기의 이름이 적혀 있었다.

나는 한동안 그 슬리퍼를 신었다. 친구 몫까지 다하는 훌륭한 외과의사가 되기 위해서, 그리고 험난한 수련을 견뎌내기 위해서.

그로부터 10년이 넘는 시간이 흘렀다. 지금도 우리는 그날이 되면 어김없이 모인다. 나는 지금, 너에게 부끄럽지 않은 의사가 되어 있을까.

삶의 여정을
마감하는 날이 있다

친구와의 이별, 사랑하는 사람과의 이별은 누구나 피하고 싶어 하는 아픔이다. 그러나 이 세상에 태어나 살아가는 이상, 그 고통을 피할 수는 없다.

불교에서는 인생의 고통 가운데 하나로 애별리고, 즉 사랑하는 사람과 헤어져야 하는 괴로움을 꼽는다. 사랑하는 사람과의 이별은 그만큼 오래전부터 인류가 겪어온 깊은 고통이다.

나는 너희가 무엇보다 소중하다. 너희가 없다면 과연 내가 살아갈 수 있을지조차 자신이 없다. 하지만 이별은 피하려 해도 피할 수 없는 운명이다.

세상이 바뀌고 과학이 아무리 발전하더라도, 내가 언젠가는 너희와 헤어지게 된다는 사실만큼은 단 한 치의 예외 없이 정해진 일이다. 아무리 안타깝고 받아들이기 힘들어도, 이 세상의 이치는 그렇게 정해져 있다.

그리고 너희 역시 언젠가는 반드시 이 세상을 떠나게 된다는 사실을 마음속에 새겨두었으면 한다. 사람은 누구나 때가 되면 죽는다. 죽지 않은 사람은 인류 역사상 단 한 명도 없었다. 앞으로도 그런 예외는 존재하지 않을 것이다. 너희도 언젠가는 반드시 죽음을 맞이할 것이고, 나 또한 언젠가 반드시 이 세상을 떠날 것이다.

그래서 언젠가 이 세상을 떠나기 전에, 삶의 시행착오 속에서 얻은 작은 교훈을 너희에게 전하고자 한다. 너희가 이 세상을 조금이나마 더 지혜롭고 단단하게 살아가기를 바라는 마음으로, 이 책을 쓰게 되었다.

이 글을 쓰고 있는 지금은 2024년 1월 23일 화요일이다. 아침 6시 반에 일어나 너희 엄마와 함께 너희를 깨우고 아침밥을 챙겨 먹였다. 너희들은 나와 함께 어린이집에 가고 싶어 했으나, 출근 시간이 다 되어 결국 엄마에게 너희를 맡기고, 나는 혼자 차를 몰고 병원으로 왔다.

내일 트럭에 치여 죽을지도 모르고, 큰 병에 걸려 다음 달 죽을지도 모른다. 나는 줄곧 그런 생각을 하며 살아왔다. 다시 말해, 나는 '언젠가 반드시 죽는다'는 사실을 삶에도 마감일이 있다는 의미로 받아들였다.

마감일이라는 것은 반드시 지켜야 하는 정해진 기한을 뜻한다. 마감일이 오기 전에, 어떻게든 반드시 해두고 싶은 일이 있있디. 열다섯 살 무렵, 나는 그렇게 생각했다. 그리고 내 마음의 소리에 귀를 기울였다.

"이 세상에 살아 있는 동안, 내가 진짜 하고 싶은 게 뭘까?"

처음에는 내 마음이 쉽게 답해주지 않았지만, 몇 번이고 물어본 끝에 마침내 그 소리를 들을 수 있었다.

"의사가 되고 싶어."

그래서 나는 내 마음의 요구에 응하기 위해 필사적으로 공부했고, 겨우 의사가 될 수 있었다.

서른세 살이 되었을 때, 아주 친한 친구가 나에게 물었다.

"그런데, 너는 진짜로 뭘 하고 싶은데?"

나는 또다시 내 마음에 조용히 물었다.

"살아 있는 동안에 정말 하고 싶은 일이 뭐지?"

그러자 이번엔 내 마음이 이렇게 말했다.

"소설을 쓰고 싶어."

솔직히 조금 놀라긴 했지만, 나는 원래 소설 읽기를 좋아했고 언젠가 한번 써보고 싶다고 막연히 생각한 적도 있었다. 그래서 마음을 다잡고 소설을 쓰기 시작했다. 서점에 내 책이 진열되기까지 3년 넘는 시간이 걸렸지만, 나는 결국 소설을 쓰는 사람이 되었다. 그 친구가 세상을 떠난 뒤, 나는 무덤을 찾아가 이렇게 전했다.

"진짜 하고 싶은 게 뭐냐고 물어줘서 고마워. 소설을 썼어."

너도 언젠가 자신에게 물어보았으면 좋겠다.

"언젠가 죽을 텐데, 살아 있는 동안에 정말 하고 싶은 게 뭐야?"

바로 그 질문이, 네가 인생을 걸고 해야 할 일을 알려줄 것이다.

어른들이 대놓고 말하지 않는
돈 이야기

수련의의 월급

■ 2년 차 수련의의 일상

힘겨웠던 1년 차가 지나고, 2008년 4월이 되자 우리 수련의들은 드디어 2년 차가 되었다. 그리고 당연히, 이제 막 의사로서 첫발을 내딘은 1년 차 수련의들이 새로 병원에 들어왔다.

도쿄대 출신의 유난히 똑똑한 남자, 미스 재팬 출신의 여자, 제멋대로인 사립 의대 출신의 여자 등, 그야말로 다양한 개성을 지닌 사람들이 모였다.

나는 열심히 가르쳐보겠다는 마음으로 들떠 있었다.

돌이켜보면 아마도 누군가를 가르치는 입장이 되자, 1년 차 때 완전히 꺾여버린 자존심을 어떻게든 회복해 보려는 마음이 앞섰던 것 같다.

그 정도로 어디를 가든 새내기 취급을 받으며, 기본적인 일조차 익숙하지 않았던 1년 동안 나의 자존감은 바닥까지 떨어졌다.

그 무렵, 통통하게 살이 찐 유방외과 의사 A가 내게 이렇게 말했다.

"나카야마 선생님, 요즘 여자한테 인기가 없지? 그건 당연한 거야. 수련의 시절에는 자신감이 제로가 되거든. 그런 남자는 매력이 없어."

정말이지 정곡을 찌르는 말이었다. 딱 한 번, 친구가 여자를 소개해 준 적이 있었다. 어디서 만나야 할지 몰라서 내가 유일하게 지리를 잘 아는 우에노역에서 만나, 그대로 미술관에 가서 모네 전시였는지 뭔지를 보고, 인도 카레집에서 카레를 먹었다. 날씬하고 지적으로 보이는 여자였지만, 서로 마음이 맞는 느낌은 없었다.

그런데도 여자친구를 사귀고 싶었던 나는 용기를 내 다시 한번 그녀에게 데이트를 신청했고, 지난번처럼 우에노에서 만나 미술관을 들른 뒤 인도 카레집으로 데려갔다. 하지만 그날 이후, 그녀는 내 전화를 받지 않았다.

그 무렵, 가고시마대학 동기가 결혼식을 한다며 꼭 와달라고 했다. 나는 기쁜 마음으로 가고시마로 내려가 3만 엔을 축의금으로 냈다. 밤에는 축구부 후배 15명을 데리고 덴몬칸에 가서 멋지게 한턱냈더니 8만 엔이 나왔다.

일정이 불확실한 수련의 신분이라 항공권을 미리 예매하지 못해 정가 7만 엔을 그대로 지불할 수밖에 없었다. 당시 월급은 실수령액 기준 약 20만 엔이었고, 기숙사비 4,000엔과 식비, 의학서적 구입비 등을 제외하면 실제로 남는 돈은 15만 엔 정도에 불과했다.

대폭 적자를 낸 가고시마 결혼식은 다시 찾아왔다. 절약하려고 매일 아침 먹는 샌드위치를 주먹밥으로 바꾸었지만 그래도 부족해 동기에게 돈을 빌려 무리하게 가고시마로 내려갔다.

세 번째는 절친이라 할 수 있는 축구부 동기의 결혼식이었지만, 결국 가지 못했다. 부모님께 돈을 빌려달라고 했다가 거절당했다. 나는 분명 의사였지만, 샌드위치조차 제대로 먹지 못했고, 친한 친구를 축하할 수도 없었다. 얼마 전 그 동기가 이혼했다는 소식을 듣고, 어쩌면 가지 않아도 되는 결혼식이었는지 모른다는 생각이 들었다.

마음 아픈 일만 있었던 건 아니다. 좋은 일도 있었다. 수술을 집도할 기회를 얻은 것이다. 서혜부 탈장, 흔히 '탈장'이라 부르는 수술이었다.

무서운 베테랑 외과 의사가 환자 맞은편에 서 있었고, 나는 집도의 자리에 서서 메스를 들었다.

"여기 잘라."

"여기 집어서 당겨."

나는 시키는 대로 움직일 수밖에 없었다. 손이 떨리지는 않았지만, 어깨에는 믿을 수 없을 만큼 힘이 들어가 있었다. 수술은 그런 식으로 진행됐다.

다시 생각해 보면 손기술도 미숙했고, 인체 구조에 대한 이해도 부족했다. 그야말로 '여기 파봐, 멍멍아' 식의 수술이었다. 집도를 하긴 했지만, 실제로는 90퍼센트 이상을 베테랑 외과 의사가 진행한 것이나 다름없었다.

그런데도, 수술을 집도했다는 사실 하나만으로 내 머릿속은 후끈 달아올랐다. 얼굴이 벌개진 채로 수련의실에 들어서자,

"대단한데!"

"진짜 외과 의사가 되었네!"

하는 박수갈채가 쏟아졌다. 수련의실 창밖으로는 푸른 하늘이 시리도록 맑게 펼쳐져 있었다.

나는 외과 의사로서 작은 한 걸음을 내딛기 시작했다.

이제 돈 이야기를 해보려 한다.

수련의 시절, 나는 늘 돈이 부족했다. 받는 월급이 결코 적은 액수는 아니었지만, 결혼식에 참석하거나 값비싼 책(의학서는 보통 한 권에 1만 엔이나 한다)을 주저 없이 산 탓에 2년간의 수련의 생활을 마칠 무렵에는 빚까지 지고 있었다.

그 후 월급은 조금씩 올랐지만, 여전히 돈을 모으지는 못했다. 서른다섯 살에 결혼했는데, 믿기 어렵겠지만 그때까지도 단 한 푼 저축하지 못했다.

하지만 여기에는 분명한 이유가 있었다. 나 자신에게 돈을 아낌없이 썼기 때문이다.

의사가 된 지 3년 차부터 9년 차까지, 나는 또래 의사가 받는 연봉의 절반 수준밖에 되지 않는 병원에서 일했다. 하시만 나는 그것을 일종의 수업료라고 생각했다. 세계 최고 수준의 외과 의사에게 수술 기술을 하나하나 직접 배울 수 있었기 때문이다. 매년 수백만 엔을 내고 배우는 셈 치며 버텼다.

언젠가는 반드시 보상받을 수 있으리라 믿었고, 설령 그렇지 않더라도 수천만 엔을 들여 외과 의사로서 한 단계 더 높이 도약할 수 있다면 그걸로 충분하다고 여겼다. 그래서 힘들게 느껴지지 않았다.

또한 나는 매년 국제학회에도 참가했다. 항공료와 숙박비만 해도 20만~30만 엔은 들었다. 여기에 학회 참가비가 약 10만 엔, 현지 식사와 음료 비용으로 또 10만 엔 정도가 더해져, 해마다 총 50만 엔가량을 학회 참가비로 썼다. 국제학회에 참가하려면 그에 걸맞은 연구 성과가 필요했지만, 상사의 적극적인 지원 덕분에 매년 발표 기회를 얻을 수 있었다. 어떤 해에는 1년에 두 차례 참가하기도 했다.

물론 적지 않은 비용이 들었지만, 여러 나라를 방문하고 국제학회에서 여러 번 발표한 경험은 모두 값진 자기 투자라고 생각했다. 무엇보다도 친한 상사나 후배들과 함께한 해외 일정은 지금도 즐거운 추억으로 남아 있다.

기술과 지식을 차곡차곡 쌓아가는 데 쓰는 돈은 아깝지 않다.

젊을 때는 이른바 '자기 투자'가 매우 중요하다. 겐토샤 겐조 도루 사장은 서른다섯 살까지는 돈을 모으지 않아도 된다고 말했는데, 나 역시 첫 책이 출간되었을 때 받은 인세를 모두 써버렸다. 겐조 도루 사장이 추천해 준 일류 레스토랑에 소중한 친구나 그녀(지금의 아내)와 자주 가다 보니, 통장 잔고는 금세 바닥났다.

하지만 그 덕분에 사람들과의 관계가 더욱 돈독해졌고, 눈이 휘둥그레질 만큼 맛있는 음식도 경험할 수 있었다. 이것 또한 분명한 자기 투자였다.

이처럼 그럴듯한 이야기들을 늘어놓았지만, 나는 '돈'이라는 것을 별로 좋아하지 않았다. 돈을 좇는 내 모습도, 수많은 사람의 인생을 망가뜨리는 돈의 마력도, 그리고 돈이라는 존재 자체도 솔직히 말해 혐오했다. 더 정확히 말하자면, 한번 돈을 좇기 시작하면 멈추지 못하고, 결국 '돈의 노예'가 되어버릴지도 모른다는 두려움이 있었다.

돈이 많은 사람 앞에서는 괜스레 고개를 숙이고, 돈이 없는 사람은 은근히 깔보는, 그런 인간이 될까 봐 두려웠다. 그리고 나는, 그런 사람만큼은 절대 되고 싶지 않았다.

그래서 나는 의도적으로 돈을 멀리했다. '자기 투자'라는 생각도 30퍼센트쯤은 맞지만, 나머지 70퍼센트는 그런 이유로 애초에 돈을 모으려 하지 않았던 것이다.

내 직감은 어느 정도 맞았다. 예를 들어 돈은 많지만 전혀 행복해 보이지 않는 사람들을 나는 여럿 알고 있다. 반대로 돈은 없지만 하루하루를 즐겁게 살아가는 사람들도 많다. 진정한 행복은 가진 것이 아니라 어떻게 살아가는가에 달려 있다.

학교에서는 가르쳐주지 않는 것

여기서는 어른들이 잘 말하지는 않지만, 가장 중요한 돈 이야기를 꺼내보려 한다.

'돈으로 살 수 있는 행복도 분명히 존재한다'는 이야기다. 그렇다면 돈이란 대체 무엇일까?

너희가 어른이 될 무렵에는 지폐나 동전 같은 형태의 '돈'을 거의 볼 수 없게 될지도 모르지만, 돈이란 '가치와 교환할 수 있는 티켓'이다. 티켓이라는 말이 어렵게 느껴진다면, '포인트'나 '권리'라고 생각해도 좋다.

그 가치란 이를테면 맛있는 밥이나 예쁜 옷, 크고 좋은 집 같은 것이다. 나는 매일 병원에서 대장암 환자를 여러 위험을 무릅쓰고 치료하고, 그 치료의 대가로 국가에서 병원에 비용을 지급하면 병원은 그중 약 10퍼센트를 나에게 준다. 내가 제공한 '가치'를 돈이라는 '티켓'으로 받는 셈이다.

돈은 단지 '언젠가 내가 대장암에 걸렸을 때 치료받을 수 있는 권리'로만 쓰이는 것이 아니다. 너희를 놀이공원에 데려가 롤러코스터를 태우는 데도 쓰이고, 비 오는 날 쓰기 위한 우산을 사는 데도 쓰인다. 돈은 이런 식으로 우리 삶을 한결 편리하게 만들어준다.

흔히 행복은 돈으로 살 수 없다고 말한다. 하지만 돈으로 살 수 있는 행복도 분명히 존재한다.

이 말이 무슨 뜻인지, 이제부터 설명해 보겠다.

나의 부모님에게 돈이 있었기 때문에 나는 의사가 되겠다는 꿈을 이룰 수 있었다. 그리고 지금 나는 병원에서 열심히 일해 돈을 벌고 있기 때문에 돈가스집이든 우동집이든 가고 싶을 때 자유롭게 갈 수 있다.

요즘 나는 돈을 모으고 있다. 어느 날 갑자기 내가 납치당하거나 세상을 떠나, 이 세상에서 사라지게 되더라도 너희가 스스로 돈을 벌 수 있을 때까지(일본에서는 대체로 대학을 졸업하는 22~24세까지) 필요한 돈을 마련해 두려는 것이다.

그 돈이 있다면, 내가 없어도 너희는 원하는 학교에 다닐 수 있고, 대학을 졸업할 때까지 돈 걱정은 크게 하지 않아도 된다. 너희 엄마도 분명 힘든 시간은 보내겠지만, 굶어 죽는 일은 없을 것이다.

그래서 나는 지금, 죽기 살기로 돈을 벌고, 될 수 있으면 쓰지 않으려 애쓰고 있다.

그리고 돈에 관해 꼭 전하고 싶은 중요한 이야기가 하나 더 있다.

그것은 바로, 돈은 싫은 일을 피할 수 있게 해주는 도구라는 점이다. 앞서 말했듯이 일종의 방어 도구라 할 수도 있고, 삶의 방어력을 높여주는 힘이라고도 할 수 있다.

돈이 있으면, 추운 날 따뜻한 옷을 입고 감기를 피할 수 있다. 돈이 있으면, 누군가가 어려운 상황에 있을 때 곧장 달려가 도울 수 있다. 정말로 돈이 없어 힘든 사람에게는, 아무 조건 없이 줄 수도 있다.

그리고 충분한 돈이 있다면, 하고 싶지 않은 일은 하지 않아도 되고, 좋아하는 일만 하면서 살아갈 수도 있다. 물론 그런 사람은 거의 없고, 좋아하는 일만 하고 살아도 사흘이면 싫증 난다고 하지만 말이다.

열다섯 살 즈음, 문득 소설가가 되는 건 어떨까 하는 생각이 뇌리를 스쳐 지나갔다. 소설가가 되는 방법은 잘 몰랐지만, 왠지 금세 될 수 있을 것 같은 기분이 들었다. 책 읽는 걸 좋아해서 글도 잘 쓸 수 있을 거라고 막연히 생각했다(물론 나중에 그것이 착각임을 깨달았고, 글을 잘 쓰려면 엄청난 훈련이 필요하다는 사실도 알게 되었다).

한편, 의사가 되기 위해서는 의과대학에 합격해야 하는데, 그건 결코 쉬운 일이 아니었다. 특히 영어와 수학과 과학이 약했던 내 성적으로는 의대라는 곳이 도저히 넘을 수 없는 벽처럼 느껴졌다.

나는 1년 내내 고민했다. 그 선택이 내 인생을 좌우할 것만 같았기 때문이다.

그 무렵, 이시카와 다쓰조가 쓴 『청춘의 좌절(青春の蹉跌)』이라는 소설을 읽었다. 이 책을 중학교나 고등학교 때 꼭 한번 읽어보길 권한다. 주인공은 일본에서 가장 어렵다는 사법고시에 도전하는 가난한 대학생이다. 학비를 마련하기 위해 빚을 지고, 그로 인해 연애에도 어두운 그림자가 드리워진다.

나는 이 소설을 읽고, 무엇보다도 돈을 잘 벌 수 있는 사람이 되어야겠다고 결심했다. 이 세상은, 태어날 때부터 부유한 사람이 있는가 하면, 그렇지 않은 사람이 훨씬 더 많은, 매우 불공평한 곳이다.

그리고 이 세상은 확실한 것이 거의 없는, 예측 불가능한 곳이기도 하다. 그런 세상에서 우리는 오롯이 자신의 힘으로 돈을 벌며 살아가야 한다. 참으로 벅찬 일이 아닐 수 없다.

게다가 안타까운 사실은, 이 세상에서는 누군가를 이기고, 때로는 남의 것을 빼앗아야만 자신의 몫이 늘어난다는 점이다. 내가 의대에 합격했다는 것은, 누군가는 탈락했다는 뜻이다. 적어도 누군가보다 앞서야 한다는 말이다.

내가 소설가가 되어서는 돈을 잘 벌 수 없을 것 같았다. 내가 다니던 중고등학교에는 잘 쓴 글을 뽑아 실어주는 '세이코 문집'이라는 이름의 작은 책자가 있었다. 나는 열심히 글을 썼지만, 그 문집에 내 글이 실린 적은 단 한 번도 없었다.

동급생 가운데는 본격적으로 소설을 써서 문집에 발표하는 사람도 있었다. 그런데 200명 가운데서도 뽑히지 못한 내 글이 서점에 진열되어, 동시대를 살아가는 천재 작가들뿐 아니라 일본 근대 문학의 아버지라 불리는 나쓰메 소세키, 『인간 실격』의 작가 다자이 오사무 같은 대문호들과 어깨를 나란히 한다는 건 도저히 상상조차 할 수 없는 일이었다. 그래서 나는 소설가가 되고 싶다는 카드를 조용히 마음 깊은 곳 주머니에 넣어두었다.

나는 머리가 특별히 좋은 것도 아니고, 어떤 천재적인 감각이 있는 것도 아니었다. 그래서 한심하게 들릴지도 모르지만, 국가가 보장하는 자격에 기대기로 했고, 그렇게 나는 의사의 길을 선택했다. 나의 자기분석은 불행하게도 정확히 들어맞았다. 고등학교를 졸업하고도 2년이나 입시학원에 다니며 수험공부에 매달려야 하는 고단한 시간을 보내긴 했지만 말이다.

설마 의사가 된 뒤에 소설가가 되고 싶다는 마음이 다시 고개를 들 줄은 몰랐고, 정말 그렇게 될 수 있으리라고도 생각하지 않았다. 하지만 세상에는 나 같은 사람도 있다는 이야기다.

의사로서 마주한
'죽음'의 이면

▪▪ 거칠고 싸늘한 감촉

수련의 생활도 2년 차에 접어들자, 병원 일에 어느 정도 익숙해지기 시작했다. 같은 시기에 수련을 시작한 동기 수련의들과도 활발하게 정보를 주고받았다.

"까다롭기로 유명한 9병동 간호사 K 말이야, 부장이랑 그렇고 그런 사이래."

"올해 같이 들어온 '카지'라는 여자, 엄청 귀엽대."

"순환기내과 ○○○ 선생님은 여자 수련의가 들어오면 병원 메일로 식사하자고 한대."

이처럼 다소 저속하긴 해도 실제로 도움이 되는 이야기들이 많았다. 환자와의 대화도 점점 더 능숙해져 가고 있었다.

물론 나는 그저 수련의일 뿐 아무런 결정권도 없었다. 중요한 사람인 양 그럴듯하게 행동하긴 했지만, 환자들 대부분은 내게 "언제 퇴원할 수 있는지 주치의 선생님께 좀 물어봐 줄래요?"라고 말하며, 나를 마치 심부름꾼처럼 대했다. 그런데도 나는 병원의 일원이라는 사실만으로도 뿌듯했다.

내가 수련의 생활을 보낸 병원은 암 전문병원이었기 때문에 어느 과를 가든 기본적으로 암 환자들을 맡게 되어 있었다. 위장 외과에서는 위암, 대장 외과에서는 대장암, 호흡기 내과에서는 폐암을 담당하는 식이었다. 자연스럽게 말기 암 환자들도 몇 명 맡게 되었다.

나는 자주 병실을 찾아가 별 의미 없는 이야기를 나눴다. 고령의 여성, 중년의 남성, 20대 남성, 30대 여성 환자. 딱히 할 이야기가 있었던 것도 아니고, 내가 해줄 수 있는 일도 많지 않았다. 그래서 적어도 얼굴이라도 자주 비추고 싶었다.

물론 그들 모두 세상을 떠났다. 나는 청진기와 손목시계, 펜라이트를 들고 병실로 들어갔다.

"심장과 호흡이 정지되었고, 동공 반사도 소실되었습니다."

작은 목소리로 그렇게 말한 뒤, 시계를 흘끗 보고 "○시 ○분, 사망하셨습니다"라고 사망 선고를 했다. 그리고 고개를 숙였지만, 그 순간조차 나는 그 말을 어떤 얼굴로 전해야 할지 몰랐다. 함께 있던 한

주치의는 "정말 잘 견뎌주셨습니다"라고 말했다. 베테랑 간호사의 눈짓에 이끌려, 나는 서둘러 병실을 나와 사망진단서를 작성했다.

한 사람의 마지막 순간을 지켜보며, 어떤 가족은 울었고, 어떤 가족은 분노했다. 또 어떤 가족은 고인의 명복을 빌며 조용히 기도를 드렸다. 아무도 찾아오지 않는 이도 있었다.

가족의 마지막 인사가 끝나면, 나는 바늘과 실을 들고 병실로 들어갔다. '엔젤 케어'라 불리는 사후 처치 담당 간호사의 지시에 따라 몸에 꽂혀 있던 관을 제거하고 링거를 빼고, 인공항문을 꿰매어 막는 등의 일을 했다. 눈이 마주치면 아프다고 나무랄 것만 같아, 시작하기 전에 두 손을 모아 속으로 죄송하다고 되뇌었다.

늘 이야기를 나누던 사람이 세상을 떠나는 것을 지켜보는 일이 어느새 내 일상이 되어 있었다. 거칠고 싸늘한 죽음의 감촉 속에서 스물여덟의 나날은 그렇게 저물어갔다.

의사들은 환자의 죽음을
어떻게 받아들일까

자신이 맡았던 환자가 세상을 떠나는 일은 의사에게도 매우 고통스러운 일이다. 의사에게 환자는 결코 남이 아니기 때문이다. 물론 환자에게도 의사는 남이 아닐 것이다. 서로 남이 아닌 사람이 대부분 본인의 의지와는 상관없이 이 세상을 떠난다. 곁에 있는 가족들은 깊은 슬픔에 잠기고, 눈물을 흘린다. 그런 상황에서 고통스럽지 않을 수는 없다.

나 역시 그 환자와는 비록 처음 외래 진료실에서 만났지만, 그의 배를 갈라 병을 제거한 뒤에도 거의 매달, 혹은 2~3개월에 한 번씩 진료실에서 계속 마주해왔다.

"몸은 좀 어떠세요?" 같은 몸 상태를 묻는 대화만 나누는 것도 아니다.

"손주는 많이 컸어요?"

"요즘은 어떤 그림 그리세요?"

"가게는 잘돼요?"

이렇듯 의사는 환자의 삶 깊숙한 부분까지 들어가며 진찰을 이어간다. 그런 소소한 이야기 속에서 병의 징후를 포착하기도 하고, 환자가 겪고 있는 어려움을 알아차려 해결의 실마리를 찾기도 한다. 그렇게 관계를 맺은 사람이 세상을 떠나는 것이다.

말하자면, 환자와 의사는 생사를 함께한 전우에 가깝다. 물론 실제로 싸우는 쪽은 환자지만, 수많은 싸움을 곁에서 지켜본 경험이 있는 의사인 나는 그에게 다양한 조언을 해줄 수 있다. 전국시대의 무장과 군사의 관계에 비유할 수도 있을 것이다.

전우를 잃은 고통은 너도 어렴풋이나마 상상할 수 있지 않을까?

전문 분야에 따라 다르지만, 나처럼 암을 전문으로 하는 의사는 이런 상실을 일상적으로 겪는다. 대개 한 달에 한 명 이상은 내 환자가 세상을 떠나는데, 그 정신적 고통이 상당하다.

그 고통에서 벗어나는 방법은 여러 가지가 있다. 의사가 된 지 얼마 안 됐을 때는 환자가 세상을 떠날 때마다 충격을 받아 며칠을 멍한 상태로 보내곤 했다. 하지만 지금은 나 나름대로 몇 가지 방법을 익혔다.

의사마다 자신만의 방식이 있다. 전혀 다른 일을 하며 기분을 전환하는 사람이 있는가 하면, 진료기록을 들춰보며 '이렇게 했더라면 어땠을까, 아니면 이대로가 괜찮았을까' 하고 되짚어보는 사람도 있다. 다른 의사나 간호사와 함께, 세상을 떠난 환자에 대해 이야기를 나누는 사람도 있고, 환자에 대해 자세히 말할 수는 없지만, 그가 떠난 게 괴롭다며 가족에게 털어놓는 사람도 있다.

나는 그때그때 상황에 따라 이 모든 방법을 동원한다. 어떤 경우엔 특정 방법이 큰 위로가 되지만, 어떤 경우엔 전혀 소용이 없을 때도 있다. 대부분은 이런저런 방법을 모두 시도해 보게 된다.

지금까지 나는 200명이 넘는 환자의 임종을 지켜보았다. 나보다 어린 사람도 있었고, 동갑내기도 있었다. 울면서 떠난 사람도 있었고, 분노 속에 마지막 숨을 거둔 사람도 있었다. 하지만 대부분은 마치 잠들 듯 조용히 세상을 떠났다.

사람은 누구나 다 죽는다

요즘 나는, 죽는다는 것이 과연 그렇게까지 나쁜 일일까 곰곰이 생각하곤 한다. 너무 많은 이들의 죽음을 지켜봐 왔기 때문에 스스로 받은 충격을 조금이나마 덜어내기 위해 그렇게 생각하게 된 건지도 모른다.

병에 걸려 배를 그러안고 아파하거나, 토하면서 고통에 시달리는 환자들의 모습은 정말로 괴로워 보인다. 죽음은 그런 육체적·정신적 고통으로부터 완전히 벗어나는 일이기도 하다. 그런 의미에서 본다면 죽음이 반드시 나쁜 것만은 아니라고 느낄 때도 있다.

물론, 이건 어디까지나 본인과 주치의 사이에서만 통용되는 생각이다. 그 사람을 사랑하는 이들(대부분 가족)에게는 단 1분, 1초라도 더 살아 있어 주기를 바란다. 그 간절한 마음을 나 역시도 잘 알고 있다.

하지만 다시 말하지만, 사람은 누구나 언젠가는 죽는다.

150년쯤 뒤면 이 글을 쓰고 있는 나도, 읽고 있는 너도 세상에 존재하지 않을 것이다. 그건 마치 비가 내리는 것처럼 너무도 당연하고 자연스러운 일이다. 그렇다면 병으로 인한 고통에서 벗어나 마침내 맞이하는 죽음은 적어도 그 사람 본인에게는 그렇게 나쁜 일이 아닐지도 모른다.

이렇게 장황하게 말했지만, 한마디로 하자면 죽음에 익숙해졌기 때문일 것이다.

나는 내가 담당했던 환자가 세상을 떠나는 일에 점점 익숙해졌다. 슬픔은 언제까지나 지속되지 않는다. 임종을 지켜본 다음 날에는 또 다른 환자의 인생이 걸린 수술을 집도해야 하기 때문이다. 그렇게 나는 어느 순간부터 마음을 전환할 줄 아는 사람이 되어 있었다.

하지만 이 슬픔을 바라보는 또 다른 감정이 있다. 환자가 세상을 떠나면 의사인 나 역시 슬프지만, 그 감정 뒤에는 최선을 다해 치료했는데도 고치지 못했다는 자책감, 살려내지 못했다는 뼈아픈 무력감이 더 깊이, 더 오래 남는다.

나는 암이라는 무서운 병마와의 싸움에서 패했다. 나의 기술과 지식, 그리고 수천 년에 걸쳐 쌓아 올린 현대의학의 최신 무기들을 총동원하고도 끝내 이기지 못했다는 사실이 무겁게 남는다.

그럴 때마다 '다른 방법을 써봤다면 어땠을까' 하는 생각이 머릿속을 맴돈다.

물론 모든 치료 방침을 나 혼자 결정하는 것은 아니다. 늘 환자와 상의해 함께 방향을 정하고, 판단하기 어려울 때는 여러 의사의 의견을 모아 신중히 결정한다.

　의료 현장, 곧 생명의 최전선에는 정답이 없는 물음이 수도 없이 존재한다. 나는 그 사실을 소설 『고뇌하는 의대생』에 썼다. 그런 상황에서 우리는 무엇을 기준으로 결정을 내려야 할까. 또 어떻게 행동해야 할까. 그 물음 앞에서 의사의 사고방식이 여실히 드러난다.

마음이란
무엇인가

정신과 수련에서 배운 것들

▪▪ 마음을 들여다보는 따뜻한 시선

2년 차 수련의 생활이 끝나가던 어느 가을날의 일이었다. 한 달 동안 도쿄 도내의 정신과 전문병원에서 수련을 받게 되었다.

넓은 부지에 단층 병동들이 흩어져 있는, 여느 병원과는 다른 곳이었다. 그 안에는 작은 언덕과 연못, 그리고 자그마한 숲까지 있었다. 자료 관도 있었는데, 들어가 보니 이 병원이 우리나라 근대 정신의학에서 선구적 역할을 했다는 내용이 적혀 있었다.

의대에서도 배웠지만, 메이지 시대에는 정신질환자를 '사택감치'라 하여 집 안에 감금하는 것을 허용했다. 그런 참혹한 상황을 문제 삼고

개선을 위해 힘쓴 인물의 동상도 부지 안에 세워져 있었다.

나는 한때 정신과 의사가 되고 싶다는 생각도 했었다. '사람의 마음'이라는 블랙박스에 강한 흥미가 있었는데, 정신과 의사라면 그 비밀을 알고 있지 않을까 하고 상상하곤 했다.

병원에 처음 간 날, 나는 그야말로 깜짝 놀랐다.

"반가워요, 나카야마 선생님!"

연예인처럼 외모가 뛰어난 여의사가 나를 보며 밝게 인사했다. 수련의를 지도하는 담당자였다.

"선생님, 반갑습니다."

그다음에는 간사이 억양을 쓰는, 갸루(진한 화장과 독특한 패션을 특징으로 하는 젊은 여성) 스타일의 여의사가 인사를 건넸다.

이 만남을 통해 막연히 품고 있던 정신과 의사에 대한 내 이미지는 조금씩 바뀌기 시작했다.

이 두 지도 의사는 각각 의사가 된 지 4년 차와 3년 차로, 정신과 의사로서는 이제 막 걸음을 뗀 난계였나. 그런데도, 아니 어쩌면 당연한 일일지도 모르지만, 정신과에 대한 지식은 정말 놀라울 만큼 많이 알고 있었다.

그 사람의 증상뿐 아니라 성장 과정, 가정환경, 가족 구성원의 성격과 관계까지 세심하게 파악해 치료에 반영하는 모습이 인상 깊었다. 중증 환자가 호전되거나 악화되는 과정에 맞춰 유연하게 대응하는 그들의 모습은 정말 멋져 보였다. 그때 나는 정신과 의사가 되는 것도 괜찮겠다는 생각이 들었다. 그런 내 생각을 슬쩍 두 지도 의사에게 말해 보았더니, "그래도 선생님은 신체과(정신과 의사들이 주로 쓰는 말로, 정신이 아닌 신체 질환을 다루는 과를 의미함)로 가야죠" 하고 가볍게 받아넘겼다.

어느 날 저녁, 회의에 참석한 나는 또 한 번 놀랐다. 정신과 의사가 환자에 대해 발표하는 내용은 마치 한 편의 이야기처럼 흐름이 있었다. 외과 회의와 비교해도 한 환자당 다섯 배쯤 되는 양을 이야기하고 있었다. 얼마나 자세히 파악하고, 또 얼마나 정교하게 구성해 발표하는지, 마치 단편소설의 한 대목을 낭독하는 것 같았다.

도저히 내가 감당할 수 있는 일은 아니라고 느꼈다. 그들은 정말 인간 내면의 비밀을 아주 조금일지라도 손에 쥐고 있는 사람들처럼 보였고, 그 눈길엔 놀라울 만큼 따뜻하고 섬세한 애정이 담겨 있었다.

나는 마음속 깊이 품어온 정신과 의사가 되고 싶다는 바람을 조용히 내려놓았다.

'연예인 선생님'과 '갸루 선생님'과는 정신과 수련이 끝난 뒤 한 번도 연락하지 않았다. 하지만 두 사람은 언젠가 소설 속에 등장시켜도 좋을 만큼 인상적인 캐릭터들이었다.

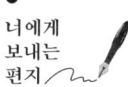

남의 마음은 절대 알 수 없다

사람의 마음은 참으로 흥미롭다.

옛사람들은 긴장하면 가슴이 두근거린다고 해서 마음이 가슴속에 있다고 생각했다.

하지만 인간의 가슴 속에는 심장밖에 없다는 사실이 200여 년 전에 이미 밝혀졌다. '심장(心臟)'이라는 말은 '마음의 장기'라는 뜻이지만, 실제로는 마음과는 무관하다. 심장은 단지 온몸에 혈액을 보내고 되돌리는 펌프 역할을 할 뿐이지, 그 자체에는 사고하거나 기억하는 기능이 없다.

그렇다면 마음은 어디에 있을까? 사실 마음은 머릿속에 있다.

맞다, 바로 뇌다. 뇌는 전기 신호를 통해 다양한 생각과 판단을 수행하고, 때로는 기억하거나 잊기도 한다. 뇌에는 신경이라 불리는 가느다란 전기 신호 전달 체계가 있어 뇌에서 내려진 명령이 전신으로 전달된다.

예를 들어 네가 손을 들어 올리고 싶다고 해보자.

그 순간, 오른손을 들어 올리라는 명령이 뇌에서 손에 있는 신경까지 단번에(0.1초도 걸리지 않는다) 전달되고, 그 즉시 손이 올라간다. 전기가 신경을 통과하는 속도는 대략 음속의 3분의 1 정도다. 엄청나게 빠른 건 아니지만, 인간의 몸 크기를 생각하면 어느 방향이

든 거의 순식간에 도달한다고 볼 수 있다.

'마음'이 깃든 뇌의 기능은 아직 밝혀지지 않은 부분이 많다. 그도 그럴 것이, 뇌를 대상으로 실험을 한다는 게 쉽지 않기 때문이다. 뇌를 잘못 건드리면 손발이 움직이지 않을 수도 있고, 감정을 잃을 수도 있고, 심지어 생명을 잃을 수도 있다. 뇌는 그만큼 중요한, 몸의 '지휘 본부' 같은 기관이다.

그래서 정신과 의사들은 마음과 관련된 병을 다루지만, 실제 연구 대상은 뇌인 경우가 많다.

나 역시 사람의 마음에 관심이 많았다. 결국 그와는 정반대라 할 수 있는 외과를 선택하긴 했지만, 그건 어쩌면 마음을 너무 오래 들여다보다 보면 언젠가 내 마음이 무너질지도 모른다고 생각했기 때문이다.

수련의 시절, 나는 정신과 의사에게 이렇게 말한 적이 있다.

"저는 제 정신이 얼마나 약한지 잘 알고 있어요. 그래서 정신과 의사가 되는 건 포기하려고요."

그러자 그 정신과 의사는 "현명하게 잘 판단했네요"라고 말했다. 아마도 자신이 정신적으로 약하다는 사실을 인식하지 못한 채 정신과 의사의 길을 택하는 사람이 생각보다 많기 때문이었을 것이다.

사람의 마음은 본래 알 수 없는 것이기에, 나는 늘 한 가지 사실만은 잊지 않으려 한다. 그것은 나 아닌 다른 사람이 무슨 생각을 하는지는 결코 알 수 없다는 것이다. 물론 나도 가끔 "네 마음 알아"라고 말하기도 하지만, 사실 잘 아는 것은 아니다.

특히 사랑을 할 때, 이 진실은 더욱 뚜렷하게 드러난다. 너 역시 언젠가는 마음의 고통을 겪게 될 것이다. 많은 이들이 이미 지나온 길이지만, 그 고통의 근원은 바로 상대의 마음을 끝내 알 수 없다는 데 있다.

그렇다면 마음을 모른다고 해서, 그냥 포기해도 되는 걸까?

정말 좋아하는 사람이 있다면 누구나 그 사람이 자신을 바라봐주고, 관심을 가져주길 바란다. 그런 마음은 매우 자연스럽다.

그러다 보면 어떻게 해야 상대의 마음을 알 수 있을지 고민하게 된다. 하지만 상대의 마음을 알아내는 일은 결코 쉬운 일이 아니다.

그럼에도 단 하나, 아주 희미하게나마 상대의 마음을 짐작할 수 있는 방법이 있다. 바로 상대와 대화를 많이 나누는 것이다.

'뭐야, 결국 그런 거였어?' 하고 생각할지도 모른다. 아니면 '아무리 대화를 많이 나눠도 진짜 마음은 끝내 드러내지 않을 수도 있잖아'라고 생각할 수도 있다. 그래도 상대방과 많은 이야기를 나눠보는 수밖에 없다.

운이 아주 좋으면 그 사람이 진심을 털어놓을 수도 있다. 그렇지 않더라도, 말투나 표정, 단어 선택 같은 것들에서 그 마음을 조금이나마 짐작할 수 있다.

상대의 마음을 결코 알 수는 없다는 사실을 전제로 하지만, 그래도 조금이라도 알고 싶다면 많은 이야기를 나눠봐야 한다. 나는 그렇게 해왔다.

그런 의미에서, 그를 위한 최고의 훈련은 바로 연애다.

인생에서 상대의 마음을 그토록 강렬하게 알고 싶어지는 순간은 연애밖에 없기 때문이다.

9

조직을 떠날 때의
치밀한 계산

의국을 벗어나며 고민한 선택

▪▪ 조직에서 나올 때 생각한 현실적인 길

가을이 되었다. 도쿄로 상경해 동경하던 병원에서 일하기 시작한 나는 2년 차 후반에 접어들며, 수련의 생활을 마무리하고 있었다. 2년 동안 내가 거친 진료과는 내과 6개월, 외과 9개월을 기본으로, 정신과, 산부인과, 지역 개원의, 보건소, 방사선과 등 다양한 분야에 걸쳐 있었다. 기본적인 수련을 마치고, 이제는 슬슬 자신의 전문 분야를 정해야 할 시기였다.

내가 일하던 병원에서는 처음부터 외과계와 내과계로 나누어 수련의를 뽑았다. 나는 외과계였으므로 자연스럽게 외과 의사의 길로 들어섰다.

문제는, 어디에서 외과 의사의 길을 이어갈 것인가였다. 선택지는 두 가지였다.

하나는 지금처럼 도립병원에 남아 후기 수련의로서 앞으로 3년을 더 배우는 것. 또 하나는 어느 대학의 의국이라는 큰 조직에 들어가 (기본적으로는 어느 의국이든 들어갈 수 있다), 그곳의 교육 시스템에 몸을 맡기고 수련을 이어가는 것이었다. 실제로 의사의 90퍼센트는 의국에 소속되어 일한다.

보통이라면 의국을 선택했을 것이다. 하지만 내가 근무하던 도립병원은 외과로 특히 이름난 곳이었다. 국내의 일인자로 꼽히는 외과 의사들이 여럿 있었고, 해외에서까지 견학을 올 만큼 명성이 높았다. 학회에서 다른 병원의 수술 영상을 본 적이 있었는데, 그 차이는 마치 완행열차와 신칸센만큼이나 크게 느껴졌다.

이곳에서 뛰어난 외과 의사들에게 계속 배운다면, 언젠가는 나 역시 일류 외과 의사가 될 수 있을지도 모른다는 생각이 들었다.

하지만 의국에 들어가지 않으면, 3년 뒤의 근무지가 문제였다. 반면 의국에 소속되면, 의국과 연계된 여러 병원을 몇 년마다 옮겨 다니며 근무하게 되므로 근무지를 걱정할 필요는 없었다.

고민하던 나에게 외과 동기 중 한 명이 이렇게 말했다.

"고작 2년 일해 놓고 이 병원에서 뭘 배웠다고 그래?"

또 다른 동기는 웃으며 덧붙였다.

"한 곳에 오래 있으면 사람도 썩어. 고인물처럼 말이야."

당시 내가 가장 믿고 따르던 혼다 선배에게 상의했더니, 그는 이렇게 말했다.

"의국은 연공 서열이야. 누구나 정해진 순서를 기다려야 해. 나카야마가 아무리 능력이 있고 열심히 해도, 성장 속도는 그 틀 안에서 정해질 수밖에 없어. 그러니까 계단을 한 칸씩이 아니라 두세 칸씩 뛰어오르고 싶다면, 의국에 들어가서는 안 돼. 앞으로 어떻게 할지는, 그때 가서 다시 생각해도 늦지 않잖아."

그 말을 들은 나는 의국에 들어가지 않기로 했다. 그렇게 나는 니시닛포리역 앞에 있는 스시집 '하루즈시'에서 내 인생의 방향을 정했다.

수련의 마지막 날, 나는 흰 가운을 벗고 어울리지 않는 저렴한 양복을 입은 채 병원 강당에서 열린 수료식에 참석했다. 단상 앞에는 흰 가운을 입은 지도 교수들이 줄지어 서 있었다.

2년 동안 힘들고 괴로운 일이 많았지만, 수료증을 받는 순간 눈물이 왈칵 쏟아졌다.

동기 12명 가운데 4명은 다른 병원으로 옮기기로 되어 있었다. 병원 정문 앞의 벚꽃은 수련을 견뎌낸 우리에게 환하게 웃어주는 듯했고, 끝내 살아남지 못한 친구에게는 조용히 애도의 뜻을 표하는 듯 보였다.

나중 일은 그때 가서
다시 생각하면 돼

　의국에 들어가지 않기로, 다시 말해 의사들 사이에서 소수파로 살아가겠다고 마음을 정한 나는 머릿속으로 철저하게 손익을 따져보았다. 계산 없이 힘든 길에 뛰어든 것은 아니었다. 그 선택 뒤에는 나름의 치밀한 전략이 있었다.

　나는 너에게 남의 판단에 기대지 말고 스스로 생각해 전략을 짜야 한다고 말한 적이 있다. 지금부터 들려주려는 이야기는 그 말을 몸소 실천한 사례다. 내 인생을 걸고 내린, 실제 선택의 이야기이기도 하다.

　먼저 배경부터 짚어보자. 외과 의사 가운데 약 90퍼센트는 의사가 된 지 3년 차(드물게는 6년 차)에 의국이라는 조직에 소속된다. 의국은 '○○대학 외과학 강좌'와 같은 이름으로 불리며, 각 대학의 진료과마다 하나씩 존재한다.

　어느 대학 출신인지는 크게 중요하지 않고, 대부분의 의국은 누구에게나 문이 열려 있다. 과거에는 외과나 내과를 선택하는 의사가 많았지만, 지금은 업무 강도에 비해 급여가 낮고 생활의 자유가 제한된다는 이유로 지원자가 크게 줄었다. 그 결과 요즘은 많은 의국이 의사를 확보하는 데 적잖은 어려움을 겪고 있다.

　일단 의국에 들어가면, 그 뒤로 약 15년간의 인생 경로가 사실상 정해진다. 예를 들어 3년 차에 의국에 들어가면 먼저 그 의국이 연계한 병원들, 이른바 '관련 병원' 세 곳을 1년씩 순환 근무하게 된다. 그곳에서 외과 의사의 기본기를 익힌 뒤, 대학병원에서 3년간 근무하게 된다. 그리고 특별한 사정이 없다면 대부분 그다음에는 대학원에 진학해 임상과 연구를 병행하는 4~5년의 생활을 하게 된다. 잘하면 의학박사 학위를 받을 수도 있다. 그 뒤에는 다시 관련 병원으로 가 수술 경험을 더 쌓고, 이후 또 다른 관련 병원으로 옮기거나 대학병원으로 복귀하게 된다. 대체로 이런 흐름이 일반적이다.

이 시스템은 매우 잘 짜인 교육 체계이자, 동시에 지역사회에 주기적으로 의사를 파견할 수 있는 구조이기도 하다. 이 틀 안에 들어가면, 특별한 변수가 없는 한 외과 의사로서 자리를 잡는 데 큰 어려움은 없다.

나는 정보를 수집했다. 의국에 들어간 외과 의사와 들어가지 않은 외과 의사의 이야기를 들었고, 그 결과 내가 나름대로 내린 결론은 이랬다.

의국에 들어가면 외과 의사로서 자리를 잡는 데 큰 어려움은 없지만, 뛰어난 실력을 갖춘 외과 의사로 성장하기는 어렵다. 반대로 의국에 들어가지 않으면 자칫 형편없는 외과 의사가 될 수도 있지만, 단계를 뛰어넘어 더 높은 수준의 외과 의사가 될 가능성도 있다. 나는 그렇게 생각했다.

조금 과장해서 말하자면, 세상의 모든 일은 어느 정도의 리스크(위험이나 손해)를 감수하지 않고는 남들과는 다른 수준에 도달할 수 없다. 남들과 똑같은 일을 해서는, 남들과 똑같은 결과밖에 얻을 수 없는 법이다.

그래서 나는 외과 의사로서의 인생을 위험한 쪽에 걸기로 했다.

내 재능을 믿었다고 하면 너무 과장된 표현이고, 실제 마음은 이랬다. 과연 괜찮을까, 잘 안될지도 모른다. 그래도 평범하게 끝나고 싶지는 않다. 그렇다면 도전해 보자. 그렇게 마음을 정하고 선택한 길이었다.

마치 암흑 속으로 뛰어내리는 듯한 기분이었다. 착지에 실패하면, 그걸로 게임 오버다.

하지만 앞에서도 말했듯이, 선택이란 단순히 무언가를 고르는 행위가 아니다. 선택한 길이 언젠가 '그때 그 선택이 옳았구나'라고 스스로 확신할 수 있도록, 남들이 쉴 때 이를 악물고 노력해 현실을 비틀어놓는 것이다.

나는 그런 각오로 의국에 들어가지 않기로 스스로 결정했다.

"앞으로 어떻게 할지는, 그때 가서 다시 생각해도 늦지 않잖아."

그 선배의 말이 내 등을 조용히 밀어주었다. 하지만 마지막 결정을 내릴 때만큼은 누구에게도 상의하지 않았다. 남이 대신 결정해주면 각오가 흐려지기 때문이다.

그로부터 16년이 지났다.

나는 처음 5년간 무엇이든 남들보다 세 배는 하자고 마음먹었다. 두 배로는 두각을 나타낼 수 없다고 생각했기 때문이다. 하루는 24시간뿐이니, 나는 남들보다 두 배 빠르게 움직이고, 거기에 더해 두 배의 시간을 들였다. 수술 연습도 마찬가지였다. 동료가 1시간 하면, 나는 2시간을 연습했다.

외과 의사로서 자신의 실력을 평가하기란 쉽지 않지만, 꽤 괜찮은 수준에 이르렀다고 생각한다. 혹독한 환경 속에서 세 배 이상 노력해 왔으니, 이 정도의 결과는 자연스러운 일일 것이다.

나는 외과계 중진들만 집필한다는 통념을 깨고, 마흔두 살이라는 젊은 나이에 수술 교과서를 출간했다. 지금도 다음 수술 교과서를 집필 중이다.

나는 계단을 뛰듯 올라섰다. 나 자신에게 선 승부에서 이긴 것이다. 합격률 24퍼센트에 불과한 수술 영상 시험에도 최단기간 내에 합격했다. 노력 끝에 현실을 비틀어놓은 것이다.

하지만 그것이 온전히 내 실력 덕분이라고는 생각하지 않는다. 지금 이 자리에 설 수 있었던 것은 나를 가르쳐준 외과 선배들과 수많은 이들의 도움이 있었기 때문이다. 그 사실을 늘 마음에 새기며, 내가 배운 기술은 환자를 수술하고 교재를 집필하는 데 쓰고 있다. 또한, 의국에 들어가 지역의료를 위해 묵묵히 헌신하고 있는 외과 의사들을 진심으로 존경한다. 세상은 나처럼 이기적인 사람만으로는 결코 유지될 수 없다는 사실도 잘 알고 있다.

PART 4

인생의
문을 여는 열쇠

새내기 외과 의사의 성장

인생의
문을 여는
열쇠

상사와의
갈등

내 앞을 가로막는 사람이 있다면

∷ 후기 수련의 과정의 시작

나는 도쿄의 한 병원에서 2년간의 수련의(주니어 레지던트) 과정을 마쳤다. 3년 차부터는 후기 수련의(시니어 레지던트) 과정에 들어가게 된다. 형식상으로는 수련의 과정을 마치고 시험에 합격해야 하지만, 해당 병원에서 수련을 마친 경우는 거의 예외 없이 합격한다는 암묵적인 합의가 있었다. 마치 같은 재단 내 대학에 별다른 절차 없이 진학하는 내부진학처럼, 대부분은 자연스럽게 후기 수련의 과정으로 이어졌다.

그래서 그런 큰 파란이 일어나리라고는 상상조차 하지 못했다.

외과에는 내가 싫어하는 I 부장이 있었다. 병원장 앞에서는 비굴할 만큼 굽신거리면서 아랫사람에게는 막말을 서슴지 않는 못된 남자였다.

I는 그 병원에서 20년 넘게 일한 고참이자, 후기 수련의 채용 시험을 총괄하는 책임자였다. 그런 I 옆에는 아부에 능한 40대 남자 의사 한 명이 꼭 붙어 있었다. 그는 지방에서 4년간 연수를 온 외과 의사였다.

"선생님, 역사에 길이 남을 명의의 손놀림은 역시 다르군요."

이런 입에 발린 말을 아무렇지도 않게 내뱉는 여우 같은 그 의사에게 I는 홀딱 빠져 있었다.

내 학회 발표도 I의 지시로 그 여우가 맡게 되었다.

"너, 가고시마대학 나왔어? 가고시마대? 크큭."

정말 어처구니없는 사람이었지만, 따르지 않을 수는 없었다.

어느 날 밤, 8시를 막 넘긴 참이었다. 수술과 업무를 마친 뒤, 여우가 말했다.

"오늘 당직이라 병원에 있을 거니까, 너도 남아. 학회 발표 지도 좀 해줄게."

나는 순간 당황했다. 며칠 전, 3년 선배 의사와 이미 저녁 약속을 잡아두었기 때문이다.

고민 끝에 여우에게 전화를 걸어 정중히 말했다.

"죄송합니다. 오늘은 선약이 있어서요."

하지만 그 말이 그의 심기를 거슬렀던 모양이다.

"됐어, 너한텐 더 이상 지도 안 해."

툭 내뱉은 그 말투는 단호하고 날카로웠다.

어쩔 수 없다고 생각하며 예정대로 식사 자리에 나갔다. 그런데 다음 날 아침부터 여우와 I는 노골적으로 나를 무시하기 시작했다. 나중에 들은 이야기지만, 나카야마가 자기 말을 듣지 않고 술을 마시러 갔다고 여우가 I에게 보고했다고 한다.

하필이면 그로부터 한 달 뒤에 후기 수련의 채용 시험이 있었다.

I의 면접은 예상대로 까다로웠다. 수련의가 알 리 없는, 발표된 지 얼마 되지 않은 미국 학회의 최신 임상시험 결과를 집요하게 물었다. 내가 제대로 대답하지 못하자 I는 비웃듯 말했다.

"그런 것도 모른다면, 탈락인데?"

2주쯤 지났을 때, 한 선배가 슬그머니 내게 귓속말로 말했다.

"너, 떨어질지도 몰라. I가 너한테 최하점을 줬대."

그렇다고 내가 할 수 있는 일은 없었다. 그저 기도하듯, 간절한 마음으로 결과 발표를 기다릴 수밖에 없었다. 결과는 합격이었다. 최하점을 받았으나 아슬아슬하게 합격했다.

분노가 치밀었지만, 이후에도 I의 지도를 받아야 했기에 어쩔 도리가 없었다. 괴롭힘은 계속되었다. 분개한 나머지 I의 실각을 꾀했다면 소설 같은 이야기였겠지만, 현실에서 내가 할 수 있는 일은 고작 속으로 저주하는 것뿐이었다.

I도 어쩌면 눈치챘을 것이다. 아무 내색은 하지 않았지만, 내가 그를

전혀 존경하지 않고, 오히려 날카로운 반감을 품고 있다는 사실을. 이 일을 계기로 나는 깨달았다. 나는 속마음을 숨기지 못하는 인간이며, 그런 성향으로는 큰 조직에서 출세하기 어렵다는 것을.

마음을 속일 필요는 없다

젊은 시절에는 누구나 한 번쯤 나처럼 억울하고 분한 일을 겪기 마련이다. 조직이나 상사를 본능적으로 받아들이지 못할 수도 있고, 그런 감정을 숨긴 채 어울리는 데 서툴 수도 있다. 하지만 그렇다고 해서 따르지 않으면 조직에서 설 자리를 잃게 된다.

만약 네가 그런 상황에 놓인다면, 나는 어떤 조언을 해줄 수 있을까.

우선 선택지를 정리해 보자.

① 자신의 신념과 가치관을 끝까지 밀고 나간다(그 자리를 떠나겠다는 결단까지 포함해서). ② 적당히 타협하며 I 같은 상사를 존경하는 척한다. ③ I의 장점을 찾아보며 존경할 수 있는 사람인지 아닌지 생각해 본다.

나는 ②를 선택했다. 그게 가장 무난한 길이었고, 무엇보다 이 직장에서 계속 배우며 일하고 싶었기 때문에 그렇게 할 수밖에 없었다.

③은 초등학교 도덕 수업에서나 정답으로 나올 법한 선택지다. 물론 싫은 사람의 장점을 찾아보며 존경할 수 있는 사람인지 아닌지 생각해보는 자세는 나도 훌륭하다고 생각한다. 하지만 나는 도저히 그렇게는 할 수 없었다. 그게 가능한 사람은 극소수에 불과할 것이다.

그렇다면 ①을 선택하는 것이 옳았을까? 그 점에 대해서도 한 번 생각해 보자.

내가 100퍼센트 정직하게 살아간다면, 이 선택지를 택했을지도 모른다. 물론 신념이나 가치관을 관철하는 방식은 사람마다 다르다. I의 방에 쳐들어가 하고 싶은 말을 큰소리로 쏟아붓고, 병원을 그만두는 방법도 있다. 실제로 그런 식으로 끝맺은 사람을 나는 여럿 봤다.

I에게 직접 상황을 설명하며, 왜 나를 무시하는지 따져 묻는 방법도 있다. 여우에게 똑같이 항의하는 것도, 마음만 먹으면 못 할 일은 아니다.

마흔네 살 아저씨가 된 지금이라면, 내가 부당하다고 느낀 그런 대우를 받았을 때, 나를 그렇게 대했던 사람에게 조용하지만 분명한 어조로 이의를 제기할 수 있다.

하지만 그때의 나는 감히 그러지 못했다. 두려웠다.

나는 아무런 배경도 없는, 그저 그런 수련의였고, 상대는 그 병원에서 20년 넘게 자리를 지켜온 사람이었다. 나이 차이도 거의 부모와 자식만큼 났다.

내 친구 중에는 늘 ①을 선택하며 살아가는 사람이 있다. 참 멋지고 훌륭하다고 생각하지만, 그만큼 세상을 힘들게 살아간다. 순수하고 곧게 살아간다는 건, 그만큼 많이 상처받는다는 뜻이기도 하다. 이 세상은 그런 곳이다.

나는 ②를 택했다고 말했지만, 그 또한 눈물이 날 만큼 억울하고 분한 선택이었다. 나라고 해서 내 뜻대로 살고 싶지 않겠는가. 잘못된 건 잘못됐다고 말하고 싶었다. 그래서 나는 연기하기로 마음먹었다. 마치 영화나 드라마에서 배우가 배역을 맡아 연기하듯, 부장 앞에서는 고분고분한 수련의인 척하기로 한 것이다. 어느 정도는 효과가 있었다.

이 세상에서 속마음을 전부 드러내며 사는 사람은 사실 거의 없다.

그런 사람은 안타깝게도 단명하는 경우가 많다. 예술가에게 특히 많은데, 작가, 음악가, 만화가처럼 자신만의 신념이나 가치관을 끝까지 밀어붙이는 사람은 세상을 살아가기 힘들어 젊은 나이에 스스로 생을 마감하는 일도 적지 않다.

물론 그것도 그 사람 나름의 철학이니 부정할 수는 없지만, 그런 모습을 지켜보면 안쓰러울 만큼 괴로워 보인다. 그래서 연기하는 것이다.

나만 그런 게 아니다. 학교 선생님은 신생님답게, 의사는 의사답게 연기한다. 가게 점원은 짜증이 날 때도 싱긋 웃으며 그 역할을 해낸다. 그렇게 사람들은 삐걱거리기 쉬운 인간관계에 작은 윤활유를 치며 살아간다.

하지만 자신의 마음을 속일 필요는 없다. 저 인간은 쓰레기다, 도저히 봐줄 수 없다고 생각하고, 그 생각이 정말 정당하다면, 억지로 그 감정을 누르지 않아도 된다. 다만 매일 마주쳐야 하는 사이라면, 그럴 땐 연기하면 된다.

조금이라도 연기를 하면, 그 마음은 결국 상대에게 전해진다. 연기인 걸 들켜도 괜찮다. '아, 나를 신경 쓰고 있구나'라는 마음만은 분명히 전해지니까.

그렇게 하면 조금씩 관계가 풀리고 닫혀 있던 자기 마음도 다시 살아난다.

'인과응보'라는 말이 있다. 본래는 불교 용어로, 과거에 행한 일에 상응하는 결과가 반드시 따른다는 뜻이다. 선한 행동에는 좋은 결과가, 악한 행동에는 그에 걸맞은 나쁜 결과가 따라온다.

나는 지금까지 44년을 살아오면서 세상 모든 일에는 반드시 결과가 따라온다는 것을 실감했다. 캄캄한 어둠 속에서 홀로 몸부림치며 괴로워하면서도 소설을 써냈고, 그 끝에 작가가 되어 독자들로부터 "재미있었다", "감동했다"라는 말을 듣는 지금의 삶에 이르렀다.

이를 악물고 견뎌낸 시간은, 언젠가 네가 간절히 바라던 모습으로 되돌아올 것이다. 사실 이 에세이에는 그 뒤를 잇는 이야기가 더 있었다. 신문사 담당자가 굳이 쓰지 않아도 될 것 같다며 삭제했던 부분이다.

그후 I가 다른 부하의 계략에 휘말려 실각했고, 입지가 흔들리자 결국 스스로 병원을 떠나게 되었다는 이야기다.

그 역시 자신이 저질렀던 일에 상응하는 결과를 맞이한 셈이다.

2

그 말은
제대로 전달되었을까?

혼자가 아닌, 팀으로

:: 외과 의사의 프레젠테이션

2년간의 수련의(주니어 레지던트) 과정을 마치고 후기 수련의(시니어 레지던트)가 되면, 수련의 때처럼 여러 진료과를 돌며 배우는 것이 아니라 한 분야를 집중적으로 배우며 일하게 된다. 나는 외과에 소속되어 외과 업무만 맡았다.

출근은 아침 7시였다. 병원 부지 안에 있는 다다미 6장짜리(약 3평) 기숙사 방에서 나와 3분쯤 걸어 외과 병동이 있는 9층에 도착했다. 그리고는 야간 근무를 마친, 화장이 거의 지워진 간호사에게 환자 상태를 보고받았다.

"○○○님, 섬망 증상 때문에 밤새 소란을 피웠어요. 선생님, 어떻게 좀 해주세요." 그런 하소연을 듣는 일도 종종 있었다. 옆에서는 2년 선배인 H 선생님이 숨 가쁠 정도로 빠르게 차트를 작성하고 있었다. 도호쿠대학 조정부 출신답게 체격이 좋은 그는 부숴버릴 듯한 기세로 키보드를 두드렸다. 나도 질세라 컴퓨터 화면을 노려보았다.

"나카야마 선생님, 오타가 있어서 고쳐뒀어요."

"하제 용량이 틀렸길래 처방 다시 넣었어요."

자잘한 실수를 잇달아 지적해 주었다.

7시 30분이 되자 H 선생님은 잠깐 자리를 비웠다. 병원 내 편의점에서 다시마 주먹밥과 블랙 캔 커피를 사 오기 위해서였다. 어울릴 것 같지 않은 조합을, 그것도 매일같이 사 오는 그를 보며, 나는 좀 별난 사람이라고 생각했다. 흰 가운도 일주일에 한 번밖에 갈아입지 않는 습관이 있었다.

7시 50분이 되자, 우리는 함께 2층 회의실로 내려갔다.

"선생님, 오늘 발표는 괜찮죠?"

그렇게 말은 하지만, 사실 전날 밤 11시가 넘도록 H 선생님은 내시경과 CT 영상을 정리해 주며 판독법을 하나하나 알려주고 발표 내용도 빠짐없이 다듬어 주었다.

그러니 "괜찮죠?"라는 말은 결국 '외웠어요?'라는 뜻이었다.

메모를 보며 자기 전에도, 아침에 일어나서도 중얼거리며 발표 연습을 했다. 보통 15번쯤 소리 내어 읽으면 3분 정도 말할 내용은 무난히 외워졌다.

회의실에 들어가 모니터를 켜고 전자 차트를 케이블로 연결한 뒤, 의자와 테이블을 가지런히 정돈했다. 외과 동기들도 함께 있었지만, 눈빛만 스칠 뿐 인사조차 하지 않았다. 괜히 한마디라도 나눴다가 지금까지 외운 내용을 잊어버릴까 봐 겁이 났던 것이다. 동기들 역시 잔뜩 긴장한 얼굴이었다.

8시가 가까워지자 외과 의사들이 하나둘 회의실로 들어섰다. 초등학교 교실의 절반쯤 되는 크기의 방 안에는, 이른 아침 탓인지 어딘가 무거운 표정의 외과 의사 서른 명이 빼곡히 자리했다.

불을 끄자 방 안은 금세 어두워졌고, 오직 프로젝터가 비추는 전자 차트 화면만 눈부시게 밝았다.

"발표를 시작하겠습니다. 환자는 84세 남성, 진행성 위암입니다."

나는 회의실 앞에 서서 차분히 입을 열었다. 슬라이드는 H 선생님이 넘겨주었다.

"건강검진에서 이상 소견이 발견되어 진난을 받았고, 과기력으로는 고혈압, 당뇨병, 그리고 2년 전 충수염 수술 이력이 있습니다."

화면은 내 등 뒤에 있어 직접 볼 수 없었다.

"이것은 바륨 투시 영상입니다."

그제야 나는 처음으로 뒤를 돌아, 화면 가득 비친 위장 엑스레이 사진 위에 얼마 전 우에노에서 산 레이저 포인터를 갖다 댔다.

"여기, 바륨이 튕겨 나가며 생긴 투명 음영이 관찰되고, 내부에는 바륨이 부착되어 있습니다. 병변과 주변 조직의 경계는 뚜렷합니다."

나는 외운 지 얼마 되지 않은 전문 용어들을 막힘없이 쏟아냈다.

"궤양 국한형으로 판단됩니다. 침윤 깊이는 T3였습니다. 이어서……"

나는 입안이 바짝 마르는 것을 느꼈다. 3분짜리 발표를 마치자, 사회를 맡은 외과 의사가 말했다.

"질문 있으신가요?"

제발 아무도 질문하지 않기를 바랐다. 아직 발표할 사람이 두 명이나 남아 있었기 때문에 지금 마음이 흔들리면 곤란했다.

"거기요."

최근 후쿠오카에서 전근 온, 젊고 패기 있는 외과 의사가 입을 열었다.

"투시 영상에서 병변의 범위를 짚어봐요."

"네네!"

H 선생님이 재빨리 영상을 띄웠다.

"여기서부터 여기까지인 것 같습니다."

포인터를 쥔 손이 살짝 떨렸다.

그 순간, 회의실은 쥐 죽은 듯 조용해졌다. H 선생님은 기도하듯 조용히 눈을 감았다. 아무도 입을 열지 않았다. 질문을 던졌던 외과 의사조차 더는 말을 잇지 않았다.

아무래도 정확했던 모양이었다.

나는 포인터를 쥔 손에 밴 땀을 흰 가운 소매로 조심스레 닦았다.

"그럼 다음 발표로 넘어가겠습니다. 72세 여성 환자인데요……."

이렇게 무거운 분위기의 회의를 일주일에 두 번씩이나 했다. 그런 날이면 어김없이 속이 불편했다. 하지만 3년쯤 지나자, 까다로운 외과 의사의 질문도 가볍게 받아넘길 수 있게 되었다.

나는 그렇게 외과 의사로서 길고 험한 계단을 한 칸씩 올라갔다.

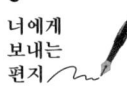

남들 앞에 서는 법

사람들 앞에서 발표할 기회는 학생 때도 많지만, 사회인이 된 뒤에도 그런 자리를 완전히 피하고 살 수 있는 사람은 거의 없다.

의사는 거의 매주 회의에서 환자 증례를 발표하고, 때로는 수백 명이 모인 학회에서 연단에 서기도 한다. 혼자 글을 쓰는 작가 역시 출판사 편집자 앞에서 "이번에는 이런 소설을 써보려 합니다" 하고 작은 발표를 한다. 고맙게도 나는 다양한 주제로 전국을 돌며, 해마다 열 번 남짓 강연을 이어가고 있다.

어떤 회사에서든, 어떤 병원에서든, 누구나 사람들 앞에서 발표를 한다.

사람들 앞에서 말하는 요령은 분명 있을 테지만, "이거다!" 하고 딱 부러지게 단정하기는 의외로 어렵다.

다소 냉정하게 들릴지 모르지만, 나는 이 점을 분명히 짚고 넘어가고 싶다. 원래 발표를 잘하는 사람이 있고, 그렇지 않은 사람도 있다는 사실이다.

하지만 한 가지는 확실하다. 준비에 충분한 시간을 들일 수만 있다면, 누구든지 최고의 발표를 해낼 수 있다.

테드(TED)라는, 전 세계적으로 많은 사람이 시청하는 아주 흥미로운 강연 시리즈가 있다. 이 무대에 서는 발표자들은 대부분 발표 내용을 처음부터 끝까지 완전히 암기한 상태에서 무대에 오른다고 한다.

직접 그 무대에 섰던 사람에게 들은 이야기인데, 눈을 감고도 말할 수 있을 정도로 수없이 반복해 연습한 뒤에야 비로소 본 무대에 오른다고 한다. 심지어 손짓, 몸짓까지도 미리 세심하게 준비한다고 한다.

발표라는 것은 신경 써야 할 게 참 많다. 말하는 방식이나 전달력이 아무리 뛰어나도, 내용 자체가 별로면 사람들의 관심을 끌지 못한다. 하지만 반대로, 내용이 혁신적이라면 발표가 조금 어설퍼도 사람들은 주목하게 마련이다.

결국 중요한 건, 내용이다. 이 사실만큼은 잊지 말아야 한다.

물론 최고 수준을 목표로 한다면, 내용도 좋아야 하고 발표 방식도 뛰어나야 한다.

발표 방식은 사람마다 다르지만, 나는 이렇게 한다.

발표할 때는 청중이 있다. 5명이든, 50명이든, 500명이든 상관없다. 나는 그중 한 사람을 정해서, 그 사람에게 말을 거는 듯한 느낌으로 발표를 한다.

얼마 전, 차세대 외과의를 위한 세미나에서 발표할 기회가 있었는데, 그 자리에 있던 200명가량의 젊은 의대생과 의사들 가운데서 나는 '구마모토대학 수련의 노구치 씨' 한 사람을 정해 그에게 이야기하듯 발표를 이어갔다.

신기하게도 그렇게 단 한 사람에게 말하듯 전하는 방식인데도, 청중은 그것을 마치 자신에게 들려주는 이야기처럼 받아들인다.

예전에 텔레비전 공익 광고(AC 재팬)에서 이런 문구를 본 적이 있다.

"생명은 소중하다. 생명을 소중히 해야 한다. 그런 말을 수천, 수만 번 듣는 것보다, 누군가가 '당신은 소중하다'고 말해준다면 그 한마디만으로도 살아갈 힘이 생긴다."

나는 발표 역시 이와 크게 다르지 않다고 생각한다..

나는 지금까지 100번이 넘는 강연을 해왔다. 열다섯 살 청소년부터 여든, 아흔이 넘는 어르신들까지, 정말 다양한 사람들을 대상으로 강연했지만, 그때마다 늘 긴장이 된다.

그래서 나는 긴장하지 않는 방법을 찾기보다는, 긴장한 상태에서도 겉으로는 침착해 보이도록 하거나, 그 긴장감을 즐기려 노력하는 쪽을 택했다.

사실, 사람들 앞에서 말이 조금 어눌하거나 실수했다고 해서 큰일이 나는 것은 아니다. 오히려 말이 지나치게 매끄러우면, 진심이 제대로 전달되지 않을 때도 있다. 정답이 정해져 있지 않은 이런 일은, 무엇보다 즐기는 것이 가장 좋은 방법이라고 생각한다.

일의 대가에 대해
생각해 본 적 있는가

응급의료 현장에서 마주한 것들

▪▪ 응급의료의 최전선

후기 수련의 1년 차가 끝나갈 무렵이었다. 1월이 되자 병원의 커리큘럼에 따라, 나는 도쿄 외곽의 한 도립병원 응급의료센터에서 3개월간 근무하게 되었다. 이곳에서 고도의 응급의료를 배우게 된 것이다.

병원은 도쿄역에서 전철로 약 10분 거리인 긴시초역 근처에 있었다. 역 남쪽에는 밤늦게까지 영업하는 유흥업소와 마권 장외발매소가 몰려있는, 다소 어수선한 분위기의 동네였다.

아침 8시에 병원에 도착하면 응급의료팀과의 회의로 하루가 시작되었다. 전날 도착한 구급차 환자들에 대해 보고하고, 치료 경과와 치료 방향에 대해 논의하는 시간이다.

"어젯밤에는 구급차 25대, 헬기 1대였습니다."

밤새 근무했는지 피곤한 기색이 역력한, 30대 중반의 응급실 전담 의사가 말문을 열었다. 검은 머리카락은 기름기로 번들거렸지만, 그 안에서는 에너지가 끓어오르는 듯한 인상이었다.

응급실 전담의 6명과 수련 중인 젊은 의사 5명이 원형 테이블에 둘러앉아 있었다. 모두 다 여기저기 해진 데님처럼 질긴 느낌의 두툼한 파란색 유니폼 상하의를 입고 있었다.

내 옆에 앉은, 여우처럼 생긴 남자가 작은 목소리로 말을 걸어왔다.

"나카야마, 잘 부탁해. 우선 윗선 선생님들 별명부터 외우는 게 좋아. 지금 말하고 있는 분이 '대장', 그 옆은 내과 '중사', 또 그 옆은 외과 '거북 도사', 삭발하신 분은 정형외과 '지장보살'이야."

참 독특하면서도, 한 번 들으면 쉽게 잊히지 않는 별명이었다.

"심정지 환자가 10명 있었고, 모두 사망했습니다."

순식간에 긴장감이 감돌았다.

'나는 지금 도대체 어떤 곳에 와 있는 거지…….'

"추락 외상 2건, 고에너지 외상 2건, 화재로 인한 고도 화상 1건, 내인성 질환이 10건입니다."

듣기만 해도 아찔한 중증 환자들뿐이었다. 조금 부적절하게 들릴지 모르지만, 내 가슴은 두근거리기 시작했다. 들것에 실려 온 초중증 환자들을 숨 돌릴 틈도 없이 치료와 처치를 이어가는 그 모습. 바로 내가 상상해왔던, 진짜 응급실 전담 의사의 모습이었다.

8시 30분이 되자, 가까이에 있는 유선전화가 요란하게 울리기 시작했다.

"받아!"라고 중사가 외쳤다.

"네? 제가요?" 하며 당황하자, 근처 의대 내과에서 온 여우처럼 생긴 젊은 의사가 재빠르게 수화기를 들었다.

"네, ○○병원 응급센터입니다. 네, 네."

통화를 하며 메모를 적고 있었지만, 들여다봐도 글씨가 너무 지저분해서 뭘 쓰고 있는지 알아볼 수 없었다. 그는 수화기를 귀에서 떼며 외쳤다.

"투석병원에서 심정지 상태의 78세 남성입니다. 증상 발생 직후 바로 심폐소생술(CPR)을 시작했다고 합니다. 도착까지 3분 남았습니다!"

그러자 중사가 "받아줘!" 하고 고함쳤다. "받겠습니다!"라고 외치며, 그는 전화를 끊었다.

"나카야마, 뛰어!"

여우처럼 생긴 젊은 의사가 먼저 뛰기 시작했다. 나도 무슨 일인지도 모른 채 그 뒤를 따라 달렸다. 계단을 정신없이 내려가자, 아래층엔 응급처치실이 있었다.

여우처럼 생긴 젊은 의사는 익숙한 손놀림으로 선반에서 수액 주머니를 꺼내 걸고, 채혈용 주사기에 바늘을 끼웠다. 간호사도 뒤늦게

도착해 침대 위에 종이 시트를 펼쳤다.

"장갑 끼고, 이 비닐 가운도 입어."

가운이라 부르기엔 너무 얇았다. 마치 도시락 반찬을 싸는 투명한 비닐 같아서 간신히 손을 넣고 목 뒤에서 끈을 묶을 수 있을 정도였다.

곧 구급차의 사이렌 소리가 들려왔다. 커다란 문을 여는 순간, 1월의 찬 공기가 병원 안으로 밀려들었다.

여우처럼 생긴 젊은 의사와 함께 밖에 나가 구급차가 도착하기를 기다리는데, 구급대원이 차 안에서 심폐소생술을 하는 모습이 눈에 들어왔다. 나도 모르게 침을 꿀꺽 삼켰다. 불과 3개월이라는 짧은 기간이었지만, 우리는 믿기 어려울 만큼 많은 사람의 임종을 지켜보았고, 극히 소수의 사람만을 살렸다.

응급의료센터는 말 그대로 정신없이 돌아가는 곳이었다.

응급의료라고 하면 드라마나 TV에서 자주 나오는 장면처럼, 멋지고 긴박감 넘치는 이미지가 먼저 떠오른다. 나도 그런 환상을 품고 응급센터에 들어갔고, 실제로 그곳에서 일하는 사람들의 모습을 보며 정말 대단하다는 감탄이 절로 나왔다.

그들은 그 일에 목숨을 걸었고, 자신의 삶 전체를 걸었다.

몸이 망가지든, 가정이 무너지든 상관없다고 생각하는 사람들이었다. 실려 온 응급환자들을 잇달아 수술하고, 밤을 꼬박 새운채 흐릿한 눈으로 아침 회의에 앉아 있는 중년의 외과의를 보며, 나는 전율을 느꼈다. 그들은 그저 그런 전문가가 아니라 진심으로 존경받아 마땅한 사람들이라고 생각했다.

병원은 평소에는 잘 찾지 않지만, 어느 날 갑자기 꼭 필요해질 때가 있다. 그래서 언제 어떤 상황이 닥치더라도 대비할 수 있도록 늘 준비되어 있어야 한다. 그런 점에서 의사는 소방관이나 경찰관과 비슷하다.

조금 더 넓게 보면, 전철, 버스, 택시 같은 교통수단이나, 가스, 전기, 수도 같은 생활 인프라와도 비슷하다.

이처럼 사회의 기본 기능을 유지하는 데 꼭 필요한 일을 하는 사

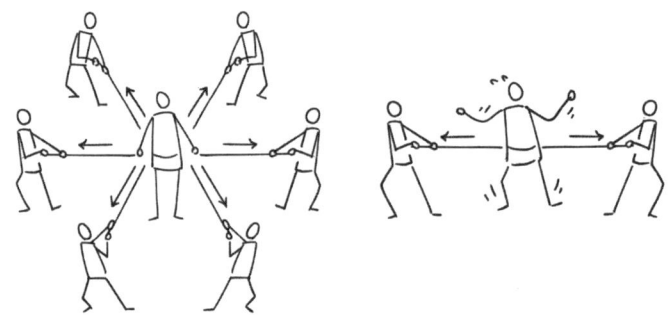

람들을 에센셜 워커(필수 인력)라고 부른다. 이들은 단순히 일을 수행하는 데 그치는 존재가 아니라, 누군가의 생명과 삶을 지탱하는 기둥 같은 존재이다.

나는 종종 이런 생각을 한다. 사람은 이곳저곳에서 '네가 필요하다'며 끌어당겨야 비로소 제대로 설 수 있는 존재라고. 한쪽에서만 끌어당기면 금세 기울고, 양쪽에서 동시에 당겨도 중심은 여전히 흔들린다. 적어도 세 방향 이상에서 끌어당겨야 균형을 잡을 수 있고, 그 수가 다섯, 열 곳으로 늘어날수록 훨씬 더 단단히 설 수 있다.

마더 테레사는 이렇게 말했다.

"이 세상에서 가장 큰 불행은 가난이나 병이 아니라, 자신을 필요로 하는 사람이 아무도 없다고 느끼는 것이다."

나는 이 말에 깊이 공감한다.

누군가에게 꼭 필요한 존재라는 느낌, 그것이야말로 우리가 살아가는 데 있어 가장 소중한 행복의 원천이라고 생각한다.

그래서인지, 의사를 비롯한 이른바 에센셜 워커들은 다른 직업군에 종사하는 사람들보다 행복감을 더 자주 느끼는 듯하다. 사회로부터 '당신은 꼭 필요한 존재'라고 인정받는 일보다 더 큰 기쁨이 또 있을까.

그중에서도 특히 의사는 어려움을 겪는 환자와 직접 마주하며 그 고통을 덜어주는 일을 하기에 고맙다는 말을 들을 때가 많다. 그 한마디는 의사에게 큰 행복감을 안겨준다.

사실, 어떤 일을 하든 (사기꾼이 아니라면) 이 세상에 도움이 된다. 다른 점이 있다면, 그 일이 누군가에게 도움이 되고 있다는 걸 스스로 느끼느냐, 느끼지 못하느냐, 단지 그 차이일 뿐이다.

세상에 소설이 없어도 사람은 살아갈 수 있다. 하지만 소설이 있어서 삶이 더 풍요롭다고 느끼는 사람도 많다. 소설을 읽고 마음을 다잡거나, 위로받는 이들도 있다. 물론 "소설 덕분에 목숨을 구했다"라는 말을 듣는 일은 거의 없다(독자로부터 편지를 받기는 하지만, 그런 말을 식섭 들은 직은 있다). 김뮤디를 만드는 사람이든, 주방에서 음식을 만드는 사람이든, 정치를 하는 사람이든, 도로 공사를 하는 사람이든, 회사에서 월급을 계산하는 사람이든, 그 사람이 없으면 분명 많은 이들이 곤란해진다. 사람들은 그 사실을 자각하지 못한 채 살아가지만, 그들 또한 어딘가에서 누군가의 생명을 간접적으로 구하고 있는 셈이다.

사회는 그렇게 이루어져 있다. 앞으로 네가 어떤 일을 하게 되든, 자신이 하는 일에 자부심을 가졌으면 좋겠다. 그리고 언젠가, 네 일이 어딘가에서 누군가의 생명을 살리고 있을지도 모른다고, 한 번쯤 그렇게 생각해 보았으면 한다.

있는 그대로 마주하는
인간관계

피하고 싶지만 피할 수 없을 때는

■ 응급의료센터

후기 수련의 1년 차가 끝나가던 무렵, 나는 도쿄 외곽의 한 병원 응급의료센터에서 식 딜 동안 근무했다.

이곳에는 당직이라는 무시무시한 업무가 있었다.

아침 8시부터 저녁 5시까지 일한 뒤, 그대로 이어서 밤샘 근무가 다음 날 아침 8시까지 계속된다. 게다가 그렇게 녹초가 된 다음 날 아침, 바로 집에 갈 수 있는 것도 아니다. 다시 저녁 5시까지 일해야 한다. 꼬박 36시간을 쉬지 않고 일하는 셈이다.

응급의료센터의 당직 근무는 정말 혹독했다.

응급의료센터라는 이름 그대로, 이 세상에서 가장 위중한 환자들이 실려 오는 곳이었다. 한밤중에 도착하는 환자의 절반가량은 CPA, 즉 심폐 정지 상태였다.

'핫라인'이라 불리는 흰색 전화기가 요란하게 울리면, 나는 반사적으로 수화기를 들었다.

"○○병원 응급의료센터입니다."

"CPA 환자 이송 중입니다. 환자는 87세 남자분인데요……."

노트에 메모하던 나는 말을 끊고 "네, 오십시오"라고 말했다.

"감사합니다. 10분 안에 도착합니다."

수화기를 내려놓고, 나는 큰소리로 외쳤다.

"CPA, 10분 후 도착합니다!"

그리고 곧바로 뛰어나갔다.

여우처럼 생긴 동기가 씩 웃으며 뒤따라왔다.

3층 아래에 있는 응급처치실에 도착하자, 우리는 침대 위에 깔 종이를 펼치고, 주사기에 굵은 바늘을 끼울 준비를 했다. 멀리서 사이렌 소리가 들려왔다. 여우처럼 생긴 동기가 응급처치실에서 바깥으로 이어지는 커다란 자동문을 열었다. 1월의 찬 공기가 확 밀려 들어와, 긴장으로 바짝 조여 있던 마음을 잠시 진정시켜 주었다.

사이렌 소리가 멈추자(병원 근처에 도착하면 구급차는 보통 사이렌을 끈다), 곧이어 흰 상자처럼 생긴 구급차가 미끄러지듯 들어왔다.

이동식 들것에 실린 환자를 응급처치실 안으로 유도하며, 구급대원이 하던 심폐소생술을 의료진이 곧바로 넘겨받았다. 환자의 입에는 집게손가락 굵기의 튜브를 삽입해 인공호흡기에 연결하고, 옷은 모두 벗긴 뒤 샅굴(사타구니) 부위의 대퇴동맥에 바늘을 꽂아 혈액을 채취했다. 움직이지 않는 손에는 수액 줄을 연결하고, 강심제인 아드레날린을 주사했다.

30분, 어쩌면 그보다 더 긴 시간 동안 소생 조치를 이어갔다.

상사는 가족을 방 안으로 안내해 상황을 설명한 뒤, 조심스럽게 사망 선고를 했다.

눈을 감고 고개를 숙이자, 관자놀이에서 땀이 뚝뚝 떨어졌다. 그 후에는 고인을 영안실에 안치하고, 소방법으로 금지된 향 대신 조화를 바치며 간절히 두 손을 모았다.

이런 일이 하룻밤 사이 네댓 번씩 일어나는 일도 드물지 않았다.

영안실이 가득 차서, 두 사람을 함께 안치하는 끔찍한 일도 있었다.

당직이 끝나는 아침 8시가 되면, 혈색이 좋은 사람과 지쳐 보이는 사람 15명 정도가 모여 밤사이 있었던 상황을 보고하고 업무를 인계받는다.

그 뒤로도 몽롱한 상태로 저녁 무렵까지 일하고 나자, '중사'라는 별명이 붙은 내과 의사가 다가와 말했다.

"나카야마, 이제 가도 돼."

그리고는 덧붙였다.

"예산은 1인당 500엔, 오늘 밤은 일곱 명이니까 3,500엔이네. 쌀은 아직 있으니까 다른 것만 준비하면 되겠다. 그리고 어제는 카레였으니까 오늘은 다른 메뉴로 해줘."

그날 당직 근무자들을 위한 저녁 식사 준비 당번은 나였다.

3,500엔을 주머니에 넣고 옷을 갈아입은 뒤, 역 앞 슈퍼에 들러 마파두부 양념과 두부, 라유(고추기름), 낫토를 샀다. 걸음은 휘청거렸고, 병원까지는 겨우 5분 거리였지만 어떻게 돌아왔는지는 기억나지 않는다. 태어나 처음으로 마파두부를 만들고, 그 위에 라유 한 병을 통째로 부었다. 밥을 짓고, 낫토도 곁들였다. 그리고 오후 5시쯤, 뿌듯한 마음으로 집으로 돌아왔다.

다음 날 아침 8시, 응급센터에 도착하자 중사가 소리쳤다.

"나카야마, 매워서 죽는 줄 알았잖아!"

당직 의사 전원이 배탈이 났다는 것이다.

그렇게 엉망진창으로 흘러갔지만, 두고두고 기억에 남을 석 달이었다.

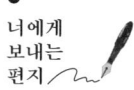

사람들과 함께 일하다 보면, 그 관계 때문에 고민하게 마련이다.

'세상의 모든 고민은 인간관계에서 비롯된다'는 말처럼, 사람과의 관계는 언제나 어렵다. 때로는 혼자였으면 얼마나 편할까 하는 생각이 들기도 한다.

다행히 나는 지금까지 좋은 사람들을 만났다. 단 한 명, 심술궂은 사람이 있었지만, 그 사람을 제외하면 모두 내가 조금이라도 잘되길 바라며 최선을 다해 도와주었다.

이것은 결코 우연이 아니다. 다 그럴 만한 이유가 있다. 이번에는 너에게 좋은 사람을 만나는 비결을 알려주고 싶다.

싫은 사람은 즉시 피하고, 좋은 사람하고만 일하면 된다.

'뭐야, 당연한 얘기 아니야?'라고 생각할지도 모른다.

하지만 이렇게 단순하면서도 중요한 원칙을 제대로 실천하는 사람은 의외로 많지 않다.

조금 더 구체적으로 말하자면, '즉시 피한다'는 것은 물리적으로 거리를 두는 것을 뜻한다. 이것이 핵심이다. 1년에 한 번도 마주치지 않으면, 싫은 사람에게서 받는 해악은 완전히 사라지고, 결국 그 사람은 기억에서도 잊히게 된다. 그리고 좋은 사람을 만나면, 그 사람과 끝까지 함께하면 된다. 삶의 중요한 갈림길마다 나는 언제나 그렇게 해왔다.

　물론 즉시 피할 수 없는 상황도 있다. 안타깝지만, 싫은 사람이 담임선생님이라면 쉽게 피하기 어렵다. 동아리 부원이나 학원 선생님 역시 마찬가지다.

　그럴 때는 가능한 한 그 안에서도 벽을 쌓아 그 사람과의 접점을 줄여야 한다. 그리고 그만둘 수 있는 일이라면 서둘러 그만두는 것이 좋다. 정말 어쩔 수 없는 상황이라면, 마음을 닫고 그 사람은 없는 셈 치는 수밖에 없다. 그래도 견디기 힘들다면, 결국 그만두는 것 외에는 답이 없다.

　마음이 상한 뒤에는 돌이키기 어렵다. 너는 그런 일을 견디기 위해 태어난 사람도 아니고, 그런 고통을 감내하며 살아갈 이유도 없다.

　돈이나 경력은 어떻게든 해결된다.

　힘든 훈련이나 어려운 공부는 이를 악물고 해낼 만한 가치가 있다. 인내심이 길러지기 때문이다. 하지만 싫은 사람과 무리해서 가까이 지내봤자, 결국 감정만 소모하고 끝난다. 게다가 대부분 그 싫은 사람 역시 너와 함께 있으면 스트레스를 받는다. 그러니 서로 불행해질 뿐이다.

　그 대신 '참 좋은 사람'이라고 느껴지는 사람을 만나면 끝까지 따라가야 한다. 의사가 된 지 얼마 되지 않아 모든 것이 서툴던 시절, 유난히 친절하게 대해주던 외과 선배가 있었다. 나보다 두 살 많은 선배였는데, 마치 형 같은 존재였다. 그렇게 1~2년을 함께 일하던 어느 날, 선배가 말했다.

"아무런 연고도 없는 후쿠시마에 가서 새로운 일을 시작하려고 해. 같이 가서 해보지 않을래?"

그 제안에, 나 역시 그곳에 아무런 연고가 없었지만 무작정 함께 나섰다. 그렇게 약 4년을 선배와 함께 일하며 정말 많은 것을 배웠다. 그리고 그곳에는 지금도 잊히지 않는 따뜻한 사람들이 있었다.

하지만 사실 내 인생에서 가장 싫어하는 사람도 그곳에서 만났다. 일 때문에 도저히 거리를 둘 수 없어서, 나는 상당한 에너지를 소모해야 했다. 물론 내게도 잘못은 있었다. 하지만 선배 의사를 생각해서라도 도중에 그만두면 안 된다고 마음먹었다. 그래서 무조건 버텼다.

피하지는 않았지만, 그 과정에서 뭔가를 얻거나 성장했다는 느낌은 전혀 들지 않았다. 그저 나 자신을 갉아먹었을 뿐이다.

결국 건강을 해치고 말았다. 도망치지 않고 끝까지 버텼다는 게 지금 생각해도 놀라울 정도다. 그래도 형처럼 따르던 외과 의사 선배에게 의리를 지켰으니, 후회는 없다.

중요한 이야기라서 한 번 더 말하겠다.

마음이 내키지 않는 싫은 사람과는 함께 일하지 말고, 즉시 피하는 게 좋다. 가급적 가까이하지 말아야 한다. 도저히 피할 수 없는 관계라면, 마음속에 단단한 벽을 세워야 한다. 그러지 않으면 마음이 망가지고 만다.

이건 '도망'이 아니라 '전략적 후퇴'다. 몸과 마음이 건강해야 전문가도 될 수 있고, 또 다른 사람을 치유할 수도 있는 법이다.

인생의 문은
늘 다른 사람이 열어준다

수술 집도 기회를 얻다

∷ 메스를 잡을 그날을 기다리며

후기 수련의 1년 차를 마치고 2년 차가 되었다. 외과 의사로서 2년
차를 맞은 셈이다.

그때 내 마음은 그야말로 조급했다. 내 머릿속에는 '누구보다 빨리
실력 있는 외과 의사가 되고 싶다'는 생각으로 꽉 차 있었다.

어떻게 해야 그 목표를 이룰 수 있는지 나는 잘 알고 있었다.

바로 한 건이라도 더 많은 수술을 집도하는 것이다.

내 경쟁자는 같은 외과 동기인 이마이치와 구로 두 사람뿐만이 아
니었다. 1년 선배 의사들은 노골적으로 경쟁심을 드러냈고, 후배들

또한 기회를 엿보며 호시탐탐 수술 집도의 자리를 노리고 있었다.

결정권을 쥔 '스태프'라 불리는 지도 전문의는 보통 한 진료과에 네댓 명씩 있었다. 이들은 수술의 난이도, 젊은 의사들의 실력과 열의를 종합적으로 판단해 누가 수술을 집도할지 결정한다.

수술이라고 하면 흔히 숙련된 손놀림이 가장 중요하다고 생각하기 쉽다. 하지만 수술에 필요한 요소는 크게 두 가지다. 하나는 인체 구조(외과 의사는 '해부'라는 용어를 쓴다)에 대한 깊이 있는 이해고, 다른 하나는 섬세한 손기술이다. 사람의 몸은 체격이나 성별, 인종이 달라도 기본적인 구조는 거의 비슷하며, 복부 안쪽의 가느다란 혈관조차도 3~5가지 유형 정도로만 나뉠 만큼 변형의 폭이 제한적이다.

그래서 수술 연습의 절반은 책으로 이론을 익히고, 나머지 절반은 직접 손을 움직이며 익힌다. 실을 빠르게 묶어 매듭을 만들고, 섬세한 부위를 꿰매는 연습을 하는 것이다.

그 무렵, 같은 과에서 함께 일하던 1년 선배가 단호하게 내뱉었다.

"나카야마, 너한테 시킬 수술이 어디 있어? 내가 할 것도 없는데!"
사실 그 선배가 지나간 자리에는 풀 한 포기 남지 않는다고들 했다.

나는 마음이 완전히 무너져 있었지만, 그저 묵묵히 견뎠다. 말없이 눈앞의 일에 집중하며, 누구보다 빠르고 완벽하게 해내려 애썼다. 논문 작성이나 학회 발표 같은 일도 남들보다 몇 배는 더 하려고 했다.

그 열의가 누구에겐가 전해졌던 걸까. 2년 선배가 결정권을 쥔 상사에게 이렇게 말해주었다.

"나카야마, 참 열심히 하던데, 수술 한번 맡겨보는 건 어때요?"

그뿐 아니라, 그 선배는 내가 집도할 수 있도록 적당한 난이도의 수술을 미리 준비해 두기까지 했다. 나는 그 은혜에 보답하고자 밤낮없이 공부하며 수술 준비에 매진했다. 전날 밤에는 긴장과 기대감에 잠도 제대로 이루지 못했다.

수술 당일, 나는 극도로 긴장한 채 메스를 들었다. 내 옆에서 수술을 지도하던 선배 의사(제1조수)는 이 분야에서 30년을 일한 베테랑이라, 나 같은 초보 의사를 가르치는 일쯤은 전혀 힘들어 보이지 않았다.

나는 그가 알려주는 대로 자르고 꿰맸다. 위의 절반을 잘라내는 절제 수술이 순식간에 끝났다.

나는 감사한 마음으로 제1조수와 수술에 함께 참여한 간호사를 유시마역 앞의 유명한 초밥집으로 초대했다. 이른바 '에르스테 파티'라 불리는 의식을 치르기 위해서였다. 에르스테 파티란, 위 절제 수술을 처음으로 집도한 외과 의사가 자신을 지도해준 의사와 수술에 참여한 간호사를 초대해, 첫 수술을 기념하는 자리다.

그날 나는 그 유명한 초밥집에서 4만 엔을 지불하고 명실상부한 외과 의사로서 첫발을 내디뎠다.

기회는
눈앞에 있을 때 잡는 것

기회란 무엇일까?

기회의 신은 앞머리밖에 없다는 말이 있다. 나는 초등학생 때부터 아버지에게 이런 이야기를 들으며 자랐다.

"잘 들어. 기회의 신은 앞머리만 무성하고 뒷통수는 대머리야. 무슨 말이냐면, 앞에서 다가올 때 얼른 붙잡지 않으면, 지나간 뒤엔 다시는 붙잡을 수 없다는 거지. 그러니까 멍하니 있어서는 안 되는 거야."

그때는 무슨 뜻인지 잘 몰랐지만, 전혀 이해할 수 없는 말은 아니었다.

마흔넷이 된 지금, 내가 살아오며 느낀 '기회'는 이런 것 같다.

기회의 신은 앞머리만 난 게 맞다. 하지만 기회란 단 한 번뿐인 건 아니다. 기회의 신도 마치 회전초밥처럼 빙글빙글 돌다가, 어느 순간 다시 내 앞에 나타나기도 한다. 묵묵히, 남들보다 몇 배 더 열심히 노력하다 보면, 그런 기회가 또 한 번 찾아오는 때가 있다.

여기서 '남들보다 몇 배 더'라고 가볍게 말하긴 했지만, 내 느낌으로는 대체로 세 배는 필요하다. 남들보다 두 배 노력하는 사람은 의외로 꽤 있기 때문이다.

예를 들어, 테니스 서브 연습을 남들이 2시간 한다면, 4시간쯤

하는 건 그리 대단한 일이 아니다. 하지만 6시간 하면 확실한 차이가 생기고, 그렇게까지 하는 사람은 거의 없다.

공부도 마찬가지다. 단어장을 처음부터 끝까지 두 번 반복해서 외우는 사람도 있고, 네 번까지 하는 사람도 있지만, 여섯 번까지 반복하는 사람은 좀처럼 보기 어렵다.

소화기외과 전문의 시험은 합격자의 평균 연령이 마흔 살일 정도로 쉽지 않은 시험이다. 나는 서른세 살에 이 시험을 보기 위해, 정말 미친 듯이 공부했다. '이 책만 외우면 붙는다'고들 하는 교재가 하나 있었는데, 나는 그걸 실제로 여섯 번이나 반복해 외웠다. 시험장에서는 100분짜리 시험을 30분 만에 모두 풀고 가장 먼저 퇴실했다. 모르는 문제가 하나도 없었다. 결국 나는 거의 최연소로 합격했다.

이처럼 남들보다 세 배쯤 더 노력하다 보면, 주변 사람들이나 상사들이 "쟤는 뭔가 다른데!" 하며 소문을 내기 시작한다. 물론 그 정도에서 만족하면, 거기서 끝이다.

하지만 계속 꾸준히 해나가면, 주변 사람들이 또 다른 사람들에게 "요즘 말이야, 진짜 대단한 사람이 있어……" 하고 이야기를 전하게 된다. 그쯤 되면 외적으로도 성과가 나타나기 시작한다. 예를 들면, 수상이라든가, 대단한 무언가를 만들어낸다든가, 높은 점수를 얻는다든가 하는 식으로.

그러면 비로소 여러 사람의 눈에 띄게 된다. 하지만 그 정도로는 아직 기회로 이어지지 않는다. 거기서도 멈추지 않고 계속해 나가면, 비로소 자신과 비슷한 수준으로 해내는 사람들을 알게 되고, 전혀 알지 못했던 사람들로부터 주목받으며, 중요한 성과를 만들어낼 기회를 얻게 된다.

대체로 세상에서 뛰어난 성과를 내는 사람들은 이런 과정을 거쳐 주목받게 된다. 교토대학 시절의 스승이자 일본 공중보건학의 선구자라 할 수 있는 후쿠하라 슌이치 교수님은 이렇게 말했다.

"인생의 문은 언제나 다른 사람이 열어준다."

남들보다 세 배 더 노력하면, 그에 상응하는 결과는 반드시 따라온다. 결과가 나타나면, 누군가가 인생의 문을 열 수 있는 열쇠를 건네주고, 새로운 무대로 이끌어준다. 내가 작가로 데뷔하게 된 것도 바로 그런 방식이었다.

나는 내 인생의 문을 열어준 사람들을 영원히 잊지 않을 것이며, 살아 있는 한 늘 감사하는 마음을 간직할 것이다. 그 은혜를 마음에 새기고 보답하며 언제가는 나두 누군가에게 인생의 문을 어는 열쇠를 건넬 수 있는 사람이 되고 싶다.

너의 밑바닥은
어디인가

자기를 알다

▌▌ 심장외과 수련

후기 수련의 1년 차를 마치고, 2년 차도 어느덧 후반부에 접어들었다. 그쯤 되면 제법 관록이 붙었을 법도 하지만, 실제로는 전혀 그렇지 않았다. 여전히 한참 부족한 신참 취급을 받는 것은 변함이 없었다. 그래도 잡무만큼은 제법 능숙하게 해낼 수 있게 되었다.

후배 외과 의사를 가르치고, 수술 실력을 스스로 갈고닦으며, 학회 발표와 논문까지 준비하느라 나는 거의 매일 밤 11시까지 의국에 남아 일했다.

초과 근무 수당 같은 건 없었다. 출퇴근 기록조차 없어 실제로는 한 달에 28일을 근무했는데도 서류상으로는 월 15일 근무로 처리됐다. 도쿄도가 그렇게 엉터리로 노무 관리를 했기 때문이다.

그 무렵 나는 두 달간 다른 도립병원의 심장외과에서 수련을 받게 되었다.

그 병원은 도쿄 23구 외곽, 신주쿠역에서 전철을 타고 서쪽으로 약 30분 거리에 있는 니시코쿠분지역 근처에 있었다. 출퇴근에만 1시간이 넘게 걸리는 데다 야간 호출도 잦다고 해서, 나는 병원 부지 안에 있는 기숙사에 들어가기로 했다.

1월 말, 찬바람이 매서운 일요일이었다. 나는 여행 가방에 속옷과 옷가지, 흰 가운을 챙겨 넣고 기숙사 방으로 들어섰다. 욕실과 화장실이 공동인, 여섯 평 남짓한 횅하고 썰렁한 공간이었다.

내 지도를 맡게 된 심장외과 의사는 꽤 까다롭기로 소문난 사람이었다. 나보다 먼저 그 과에서 연수를 받았던 젊은 의사들 대부분은 중간에 스스로 그만두었거나, 반대로 이제 안 나와도 된다는 말을 듣고 더는 발을 들이지 못하게 됐다고 했다.

관계가 그렇게 틀어지는 일이 잦다는 이야기에 잔뜩 겁을 먹었지만, 처음 마주한 O 선생님은 예상과 달리 온화한 인상이었다. 느릿하고 부드러운 말투로 세세한 업무를 하나하나 차근차근 가르쳐 주었다.

"거즈도 접는 방식이 있어요. 이렇게 접어주세요."

"상처는 소독약으로 아래에서 위로 누르듯이 살살 닦아주면 돼요."

O 선생님은 세세한 부분까지 지시를 내리는 편이었으나 충분히 공

부한 뒤 질문하면 기뻐하며 자세히 설명해 주었다. 뛰어난 능력이나 야망은 없지만 성실하고 진지하게 의료 업무를 수행하는 유형이라는 인상을 받았다.

우리 젊은 소화기외과 의사들은 이 병원의 심장외과에 배우러 오긴 했지만, 솔직히 말하면 외과 전문의 시험을 보는 데 필요한 '심장외과 수술 10건 이상 참여' 조건을 채우려는 게 더 큰 이유였다.

그 점은 O 선생님도 알고 있었겠지만, 증례만 모으려는 듯 심장외과에는 관심도 없고 배우려는 마음도 없는 젊은 의사들에게 화가 났을 것이다. 그 마음은 이해할 수 있었다. 나는 선생님의 마음에 보답하고 싶었다. 그래서 열심히 공부하고 수술에도 진지하게 참여했다.

어느 날 밤, 응급수술이 있다는 호출을 받고 병원에 가서 선생님과 함께 밤새워 새벽 6시까지 수술을 진행했다.

아침에는 잠도 자지 않고 병동 회진을 돌았고, 이어서 9시부터 시작된 수술에 참여했다. 수술이 끝난 것은 낮 12시쯤이었다. 나는 병원 식당에서 점심을 먹은 뒤, 휴게실 간이침대에 쓰러져 깊이 잠들었다.

그런데 문득 정신이 번쩍 들어 눈을 떴을 때, 침대가 격렬하게 흔들리고 있었다. 허겁지겁 일어나려 했지만, 몸을 제대로 가눌 수 없었다.

3월 11일 오후 2시 46분.

동일본대지진이 발생한 것이었다.

15초쯤 지나 겨우 몸을 일으킨 나는 곧바로 중환자실로 달려갔다.

그곳에는 인공호흡기를 단 환자 세 명이 있었다. 튜브가 빠지거나 전원에 이상이 생기기라도 하면, 그들은 단 5분 만에 목숨을 잃을 수 있는 위태로운 상황이었다. 중환자실에서는 간호사들이 인공호흡기를 온몸으로 붙잡고 있었다. 그 덕분에 세 환자 모두 무사할 수 있었다.

의국에 가니 TV 화면에는 믿기 힘든 광경이 펼쳐지고 있었다. 거대한 화재와 쓰나미를 피해, 사람들은 비명을 지르며 죽기 살기로 도망치고 있었다.

그로부터 얼마 지나지 않아 계획 정전이 시작되었다. 병원 내 편의점은 물품 공급이 끊겼고, 기숙사 생활을 하던 나는 먹을거리라는 생명줄이 끊기게 되었다. 이상하게도 슈크림과 닭튀김만은 계속 판매하고 있어서, 나는 거의 일주일 동안 하루 세끼를 그것으로 때우며 버텼다.

도호쿠(동북) 지방으로 가서 뭔가 도움이 되는 일을 하고 싶다. 그 마음이 간절했지만, 외과 의사 모집은 없다는 통보만 돌아왔다. 안타까운 마음을 꾹 눌러 삼키며, 지금 눈앞에 있는 환자에게 최선을 다하는 것이 결국 지진 피해 지역을 돕는 길이라 믿었다.

그래도 가고 싶었다. 나는 대체 왜 의사가 된 걸까 하는 생각까지 들었다. 그때 느꼈던 마음은 5년 뒤 마침내 현실이 되었고, 나는 다시 여행 가방 하나만 들고 혼자 후쿠시마로 향했다. 그런 날이 올 줄은, 그 당시에는 상상조차 하지 못했다.

O 선생님과는 인간적으로 가까워질 수 있었다. 한밤중 호출 전화

를 놓쳐 크게 혼난 적이 한 번 있긴 했지만.

후일담이지만, 수련이 끝난 뒤 병원장과 면담할 기회가 있었다. 그 자리에서 나는 병원장에게 "O 선생님은 정말 좋은 분이지만, 지나치게 성실해서 증례만 모으러 오는 젊은 의사들에게는 다소 불편함을 느끼는 것 같습니다."라고 전했다. 그 이후로 O 선생님 밑에서 수련을 받는 일은 없어졌다.

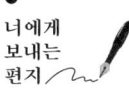

나는 위선자다

나는 사람의 생명을 살리기 위해 의사가 되기를 꿈꾸었고, 수많은 어려움을 넘어 마침내 그 꿈을 이루었다. 그리고 한 걸음씩 의사로서의 실력을 차곡차곡 쌓아왔다. 그런데도 수많은 사람이 목숨을 잃고, 절망 속에 빠진 3.11 대지진 앞에서 나는 아무런 도움도 줄 수 없었다. 이보다 더 괴로운 일은 없었다.

"외과 의사 모집은 없다."

그 말 한마디에 체념해도 되는 걸까?

나는 현실 속에서 너무나 쉽게 포기해 버렸다.

나는 위선자였다. 정말로, 진심으로 현지에서 생명을 구하고 싶었다면, 어떻게든 갈 방법을 찾았을 것이다. 필요하다면 병원을 그만두고라도 도호쿠 지방으로 향했을 것이다. 실제로 그렇게 행동한 의사들도 여럿 있었다. 내 친구 중에도 있었다.

이 말을 이해할지 모르겠으나 나는 진심이 아니었다.

솔직히 말하면 그때까지 쌓아온 의사로서의 경력을 잃고 싶지 않았다. 그 환경을 포기하면서까지 가고 싶지는 않았던 것이다.

겐토샤 겐조 도루 사장은 이런 말을 했다.

"정말 마음이 있다면 오늘 밤에 오라. 내일 아침이라면 누구나 온다."

나는 남을 생각하는 따뜻한 마음이 부족했기 때문에, 즉 진심이 아니었기 때문에 그날 밤 그곳에 가지 않았다. 현지 사람들이 곤란한 처지에 있을 때는 가지 않고, 5년이 지나 여러 여건이 갖춰진 후에야 비로소 그곳을 찾았다.

나는 내 마음에 물었다.

"넌 대체, 무엇을 위해 거기에 가고 싶은 거야?"

수없이 되묻고서야, 마침내 솔직한 대답이 돌아왔다.

"나는, 나 자신을 위해 가고 싶은 거야. 피해자를 돕고 있는 내가 되고 싶어서 가는 거야."

그렇구나, 그래서 대지진이 일어난 직후에는 가지 않았던 거다. 가능한 한 손해는 피하고 이득을 챙기며 나에게 가장 유리한 타이밍을 골라 간 것이다.

나는 그런 내 모습을 스스로 잘 알고 있다. 언제나 내가 우선이고, 내가 기분 좋고 편해야 한다는 생각밖에 없다. 그리고 그 결과, 누군가에게 조금이라도 도움이 된다면 그걸로 괜찮다고 체념하듯 받아들인다.

그래서 나는 이류밖에 되지 못한다. 조금 아쉽긴 하지만, 원래 그런 인간이니 어쩔 수 없다고 생각한다.

겐토샤 겐조 도루 사장은 "사람은 자신을 들여다보고, 실망하고, 부정해 보지 않으면 성장하지 않는다."라고 말한 적이 있다. 내가 정말 성장했는지는 모르겠다. 하지만 나는 나 자신을 냉정하게 돌아본 적이 있고, 그 결과 참 한심하다고 느낀 적도 많다. 자신이 부끄럽게 느껴질 때도 많지만, 그런 마음을 껴안고 살아간다.

그래도, 살아간다.

내일부터 다른 누군가가 될 수는 없다. 나는 어쩔 수 없이 이기적인 나로 살아갈 수밖에 없다. 내일도, 모레도, 아마 10년 후에도, 죽기 전날까지도. 적어도 소중한 사람들만큼은 결코 소홀히 하지 않으며, 이 모습 그대로 살아가려고 한다.

한편으로는 '이런 내가 최고'라고 생각하기도 하니, 참 웃긴 일이다. 자기중심적이긴 하지만, 노력해서 실력을 쌓은 끝에 좋은 수술을 하거나, 좋은 글을 쓸 수 있다면 그것만으로도 누군가에게 조금은 도움이 되는 거니까, 그걸로 충분하다고 생각한다.

내 기억력은 남들보다 훨씬 떨어지지만, 사람들이 내게 해준 칭찬은 전부 기억하고 마음속 보물상자에 고이 간직해두고 있다. 그리고 자주 그 상자를 꺼내어 들여다보며, 달콤한 초콜릿을 맛보듯 혼자 흐뭇해한다.

너는 어떤 사람일까? 너는 너 자신의 어떤 점을 좋아하고, 어떤 점을 최악이라고 생각할까?

자신을 아는 것. 거기서부터 너만의 인생이 시작된다.

누구나 다 죽는
이 세상에서

구할 수 없는 생명

▪▪ 섬마을 파견 요청

후기 수련의 2년 차가 끝나가던 3월, 봄치고는 꽤 쌀쌀한 날이었다.

"나카야마, 섬에 좀 다녀올래?"

외과 상사가 종이 한 장을 내밀며 말했다.

'미야케섬 의사 파견 요청'이라 적힌 이 문서는 도쿄도립병원 소속 의사를 2주간 섬에 파견해 달라는 공문이었다.

그로부터 3개월 뒤인 6월 중순, 밤 11시쯤 나는 커다란 여객선 식당에서 라면을 먹고 있었다. 갑작스러운 제안이었지만, 나는 주저 없이 가겠다고 대답했다.

가고시마에서 지내던 시절부터 섬을 좋아했던 나는, 야쿠섬과 요로섬에서 실습을 했고, 다네가섬과 도쿠노섬, 오키나와현의 여러 섬에도 여행을 다녀왔다.

다시 섬에 갈 수 있다. 그렇게 생각만 해도 가슴이 뛰었다.

하지만 학생 때와는 달라진 점이 두 가지 있었다. 하나는, 이번에는 여행이 아니라 의사로서 일을 하러 간다는 점이다. 섬에서는 내가 전문으로 하는 외과 환자뿐 아니라 내과나 소아과, 피부과 등 다른 분야의 질환을 겪는 환자들까지 진료해야 하고, 긴급 상황도 잦을 것이다. 후기 수련의 2년 차인 나는 아직 실력이 충분하다고는 할 수 없었지만, 배운다는 마음으로 그곳에 가보기로 했다.

또 하나는, 이번에 가는 섬이 지금껏 다녀온 남쪽 섬이 아니라는 점이다. 행정구역상 도쿄도에 속한 이즈 제도 중 하나인 미야케섬은 내가 좋아하던 남쪽 섬들과는 분위기가 다를지도 모른다. 그런데도 나는 들뜬 마음을 감출 수 없었다. 특별한 이유가 있어서라기보다는 그냥 섬이라는 공간 자체를 좋아했기 때문이다.

이렇게 해서 2주간의 섬 생활이 시작되었다.

밤 10시에 출항한 대형 여객선은 거센 파도에 크게 흔들려 거의 잠을 이루지 못한 채, 이튿날 새벽 4시 무렵 미야케섬에 도착했다.

섬에서는 전용 숙소에서 지내기로 했다. 마중을 나온 진료소장은 각진 안경을 쓴 남자 의사였는데, 꽤 젊어 보였다.

"선생님은 이틀에 한 번 당번이에요. 무슨 일이 생기면 호출할 수 있으니까, 밤에는 술 마시지 말고 집에 있어야 해요."

섬 진료는 예상대로 쉽지 않았다. 내가 전문으로 하는 복통 환자는 한 명도 오지 않고, 대신 고혈압, 조울증, 두통, 어지럼증, 안구 이물, 소아 발열, 골절, 망상 등을 호소하는 환자들이 몰려왔다. 나는 그들 앞에서 허둥댈 수밖에 없었다. 어떻게 해야 할지 막힐 때마다 옆 부스에서 진료 중이던 소장에게 거의 매달리듯 도움을 청했다.

상태가 매우 위중한 환자가 오면 헬리콥터를 요청해 도쿄도립 히로오병원으로 이송했다. 하지만 "결국 도착 전에……"라며, 소장이 슬픈 얼굴로 말한 적도 있었다. 하루뿐인 휴일에는 차를 타고 섬을 한 바퀴 돌았다.

오른쪽으로는 푸른 바다가 펼쳐지고, 왼쪽으로는 울창한 숲과 화산 지형이 이어졌다. 끝없이 이어진 수평선 너머로 해가 지는 풍경을 바라보며 온천에 몸을 담그던 그 순간은 평생 잊지 못할 추억으로 남았다.

불과 2주 남짓 머물렀을 뿐이었지만, 섬에서 보낸 시간은 내게 평생 잊지 못할 경험이 되었다. 언젠가 그 이야기를 글로 옮기고 싶다고 생각해 왔는데, 마침내 그것이 현실이 되었다. 내 소설 시리즈의 주인공이 섬에서 반년을 보내게 된 것이다. 그렇게 해서 2024년 1월, 『외과 의사, 섬에 가다 — 울지마 인턴 6』이 세상에 나왔다.

내가 섬을 좋아하는 이유가 있다. 도시에서는 많은 것들이 보기 좋게 포장되어 본질이 흐릿해지지만, 섬에서는 그런 것들이 숨김없이 드러나 훨씬 더 날것처럼 다가온다. 섬에 있으면 '살아 있다'는 느낌조차 유난히 진지하게 느껴진다.

섬이란, 말 그대로 사방이 바다로 둘러싸인 곳이다. 그래서 다른 지역으로 오갈 수 있는 수단은 배나 비행기뿐이다. 하지만 어떤 이유에서든 이 두 수단이 모두 끊기게 되면, 그 순간부터 섬사람들의 삶은 생명과 직결된 문제가 된다.

이건 결코 과장이 아니다.

내가 미야케섬에 잠시 근무하던 때, 태풍이 몰려와 배와 비행기가 모두 끊긴 적이 있었다. 그 무렵 진료소에는 수혈이 시급한 환자가 찾아왔다. 하지만 수혈용 혈액은 배편으로 가져와야 했다. 어쩔 수 없이 같은 혈액형을 가진 사람들을 수소문해 직접 수혈할 수밖에 없었다. 위험이 크다는 걸 알면서도 다른 방법이 없었다. 설상가상으로 약품 공급도 끊겨 많은 환자가 큰 불편을 겪어야 했다.

도시나 편리한 지역에 살고 있다면, 이런 상황은 상상조차 하기 어렵다. 그래서 우리는 지금 누리는 삶이 끝없이 안정적으로 이어질 것이라 믿는다. 자신도, 가족도, 친구들도 언제까지나 건강하게 살아갈 거라고 믿는다.

하지만 사실, 살아 있다는 건 애초부터 매우 불안정한 상태다. 겉보기엔 매일 똑같아 보이는 우리 몸도, 수많은 물질을 들여오고 또 내보내며 가까스로 균형을 유지하고 있다. 이를 '동적 평형'이라 부른다. 인간의 몸은 말 그대로 동적 평형 위에 서 있는 존재다.

숨이 멎으면 사람은 10분 안에 죽는다. 소변이 나오지 않으면 3일 안에 죽는다. 물 한 방울도 마시지 못하면 일주일도 버티기 어렵다. 몸이 조금 이상해 병원에 갔다가 3개월밖에 살지 못한다는 말을 듣고, 실제로 그렇게 된 사람도 있다. 이토록 불안정한 존재, 그게 바로 인간이다.

자신이 언제 죽을지 아는 사람은 거의 없다(아주 드물게 예외는 있지만). 태어나자마자 세상을 떠나는 아기도 있고, 백 살이 넘어서도 밭일을 하고 밤마다 맥주를 마시는 사람도 있다.

너는 언제까지 살 수 있을까. 그건 아무도 모른다. 나 역시 마찬가지다.

그렇다면 어떻게 살아야 할까? 언제 죽을지 알 수는 없지만, 언젠가는 반드시 죽음을 맞이하게 되는 세상에서, 너는 무엇을 하고, 누구를 사랑할 것인가. 지금은 아직 잘 알지 못할지라도, 이 질문을 진지하게 되새겨보길 바란다. 죽음은 '삶'을 가장 선명하게 일깨우는 화두이기 때문이다.

나는 어쩌면 내년에 죽을지도 모른다. 지금 당장 큰 병을 앓고 있는 것은 아니지만, 정말 그렇게 느끼고 있다. 그래서 이 책을 썼다.

내가 이 세상에서 사라진 뒤에도 너희에게 전하고 싶은 마음을 남기고 싶어서다.

이 불합리하고 기만으로 가득한 세상을 어떻게 살아가야 할지, 내 사소한 실패 경험 속에서 꼭 전하고 싶은 이야기만 담았다.

이 책은 나의 유서 같은 것이다.

이것만 다 쓰고 나면, 나는 더 이상 이 세상에 미련이 없다. 가장 소중한 너희들이 앞으로 마주할 불행이 조금이라도 덜 고통스럽기를 바란다. 그것만으로도 나는, 내가 살아온 삶에 충분한 의미가 있었다고 분명히 말할 수 있다.

나는 그걸 위해 태어났고, 그걸 위해 44년을 살아왔다.

8

내일 죽는다면
지금 어떻게 살 것인가

우리의 인생은 유한하다

▞ 친구의 죽음, 그리고 후쿠시마로

나는 도쿄의 한 병원에서 수련의 과정을 마치고 그곳에서 외과 의사로 일하게 되었다.

그 병원은 공립병원이었기 때문에 상근직 자리는 한정돼 있었다. 나는 비상근으로 일한 탓에 연봉은 500만 엔에도 못 미쳤다. 매년 자비로 유럽에서 열리는 국제학회에 참석하고, 물가 비싼 도쿄에서 마음껏 먹고 마시다 보니, 서른넷이 될 때까지 저축은커녕 한 푼도 남는 게 없었다.

그래도 세계 최고 수준의 외과 의사들에게 직접 배울 수 있다는 점에서, 그곳은 더없이 좋은 환경이었다. 지도를 맡은 상사들은 엄격했지만, 수술실을 벗어나면 가족처럼 가까운 사이로 지냈다. 너무도 편안한 나날 속에서, 나는 문득 이대로는 안 되겠다는 생각이 들었다.

편안함은 곧 더 이상 성장하지 않는다는 뜻이기도 하다. 그래서 나는 하버드대학이나 도쿄대학 대학원 진학을 진지하게 고민하고 있었다.

어느 해의 마지막 날, 나는 지은 지 45년 된 낡은 아파트의 다다미방에 혼자 드러누워 TV를 보고 있었다.

NHK 뉴스에서는 "후쿠시마 제1원전 근처에 있는 다카노병원의 원장이 화재로 사망했다"라는 보도가 흘러나왔다. 연말에 별일도 다 있구나, 하는 생각이 들었다.

새해가 밝은 지 며칠 되지 않은 1월 4일, 고등학교 친구에게서 연락이 왔다.

"D가 어제 죽었어."

D는 중학교와 고등학교를 함께 다녔고, 축구부와 밴드에서도 같은 팀이었던 반 친구였다. 고3 때, "네 성적으로 의대를 가겠다는 건 조금 무모한 것 아니냐?"라며 내게 현실을 일깨워주던 친구였다. 백혈병으로 반년간 투병하다 세상을 떠났다고 했다. 닷새 뒤, 나는 아이치현에서 열린 장례식에 참석했다.

젊은 아내는 흐느끼고 있었고, 그녀 품에 안긴 어린아이는 아무것도 모른 채 방긋 웃고 있었다.

D의 얼굴은 치료 때문인지 심하게 부어 있었다. 돌아오는 신칸센 안에서, 나는 동기들과 울면서 취할 때까지 맥주를 마셨다.

그 다음 날, 의사 친구에게서 연락이 왔다.

"다카노병원이 존폐 위기에 처했어."

들어보니, 병원장이 세상을 떠난 후 자원봉사 의사들이 하루씩 번갈아 가며 입원 환자 100여 명을 돌보고 있다고 했다. 그 지역에는 귀환한 주민 3,000여 명과 원전 작업원 3,000여 명이 살고 있어 병원을 없앨 수 없는 상황이었다. 하지만 법적으로는 최소한 한 명의 상근 의사가 있어야 병원 운영을 계속할 수 있었다.

내 머릿속은 어느새 그곳 생각으로 가득 차 있었다.

내가 다카노병원에 가야겠다. 그 순간, D의 얼굴이 떠올랐다.

"나는 이미 죽었지만, 야 나카야마…… 너는 이제 어떻게 살 거야?"

그가 그렇게 말하는 것만 같았다.

그날 밤 다카노병원에 연락했고, 3일 후 후쿠시마로 향했다. 세상을 떠난 병원장의 딸이자 이사장은 나에게 꼭 와 달라고 간절히 부탁했다. 당시 함께 살고 있던 연인에게 후쿠시마에 가겠다고 전했더니, 걱정스럽다며 눈물을 흘려 내 마음이 흔들렸다.

다음 날 퇴근 후 집에 돌아오니, 그녀는 눈시울을 붉히며 "다녀와. 당신이 정말 자랑스러워!"라고 말했다. 이사 준비조차 하지 못한 채,

2주 뒤 나는 여행 가방 하나만 들고 후쿠시마 땅을 밟았다.

　임시 병원장직을 맡은 2개월간은 상상 이상으로 힘든 나날이었다. 다행히 다음 원장이 결정되어 나는 후쿠시마현 내 다른 병원으로 자리를 옮기게 되었다. 그때의 연인이 지금의 아내다.

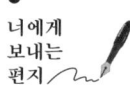

훌륭한 사람이 되느냐, 되지 못하느냐. 뛰어난 기술을 갖추느냐, 그렇지 못하느냐. 그것은 결국 자기 하기 나름이라고들 말한다.

하지만 나는 그렇게 생각하지 않는다. 얼마나 험한 환경 속에 자신을 던지는가, 얼마나 낯선 땅에서 버텨내며 싸우는가. 그것이 성장의 관건이다.

교토대학 시절의 스승인 후쿠하라 슌이치 교수님은 늘 이렇게 말씀하셨다.

"다른 유파와 겨뤄보라."

익숙하고 편안한 곳에만 머물러서는 결코 성장할 수 없다는 뜻이었을 것이다.

나는 직접 조종할 필요가 없는 대형 유람선에서 내려, 작은 배로 갈아탔다. 요구되는 기술이 달랐을 뿐 아니라, 그곳은 각오부터가 혹독하게 요구되는 자리였다.

인생은 단 한 번뿐이다.

불교에는 '윤회전생'이라는 사상이 있어, 인간은 몇 번이고 다시 태어난다고 한다. 하지만 나는 그 말을 믿지 않는다. 전생을 기억하는 사람도 없고, 전생에서 얻은 경험을 지금 삶에 활용하는 사람도 본 적이 없기 때문이다.

그렇다면 설령 전생이 있다 해도 없는 것이나 다름없다. 내세도 마찬가지다. 내세를 기대할 것이 아니라 이번 생이 단 한 번뿐이라 믿고, 후회 없는 삶을 살기 위해 노력해야 한다. 인간이라면 그렇게 살아야 한다고 생각한다.

게다가 안타깝게도, 인간에게 주어진 시간이 얼마나 될지는 아무도 알 수 없다. 15년일지, 40년일지, 혹은 100년일지, 누구도 장담할 수 없다. 인생은 언제 끝날지 알 수 없게 설정되어 있다. 그런 시험도, 그런 게임도, 그런 스포츠도 본 적이 없다. 그런데도 우리는 그런 사실을 평소에 거의 의식하지 않고 살아간다. 물론, 그래도 괜찮다.

친구 D의 죽음을 겪으며, 언젠가 내 인생에도 마감일이 찾아온다는 사실을 뼈저리게 깨달았다. D는 나보다 먼저 그 생을 마쳤다. 내 인생도 언제 끝날지 모른다.

그렇다면, 언제 끝날지 모르는 지금, 나는 무엇을 해야 할까.

그런 마음으로 나는 후쿠시마 다카노병원 원장직에 손을 들었다. 솔직히 말해 원장을 맡을 만한 지식도 기술도 없었고, 게다가 젊은 풋내기에 불과했다. 지금 생각해도 정말 무모한 결정이었다.

만약 그때 냉정하게 생각했더라면, 가도 힘들어서 금세 포기하고 돌아올지도 모르고, 현지 사람들에게 폐를 끼칠지도 모르고, 연인이나 부모님이 외로워할지도 모른다며 후쿠시마에 가지 않았을 것이다.

하지만 이 인생은 언제 끝날지 모른다. 그러니 정말로 하고 싶은 일, 그리고 마음 깊숙이 '해야 한다'고 느끼는 일을 하며 살아야겠다고 그때 생각했다. 죽은 D에게 혹시라도 한이 남아 있다면, 그 한을 대신 풀어줄 수 있는 삶을 살고 싶었다. 한때 내 경력과 삶을 우선한다며 피해 지역에 가지 않았던 나의 비겁함을, 지금 이 기회에 만회하고 싶었다.

정 많고 따뜻한 사람으로 살아가고 싶었다. 지금까지는 그러지 못했지만, 손익을 따지지 않고 그저 슬퍼하는 이의 곁에 조용히 앉아 있고 싶었다. 그런 마음으로, 나는 홀로 후쿠시마로 향했다.

너는 어떻게 살아갈 것인가.

언제 끝이 올지 알 수 없는, 단 한 번뿐인 인생을 어떻게 살아갈 것인가.

자신에게 되물어가며, 진정한 자신의 마음을 찾아내길 바란다.

그리고 다소의 망설임을 떨쳐내고, 주변의 반대를 무릅쓰더라도 자신의 인생을 스스로 선택하길 진심으로 바란다.

이 책을 쓰고 있던 2024년 4월, 어머니가 쓰러졌다.

니가타의 가에쓰병원에서 '의료 윤리' 강의를 마친 뒤, 시내의 한 중국집에서 젊은 의사 여덟 명과 맥주를 마시는 중이었다. 밤 9시쯤, 아버지에게서 전화가 걸려왔다.

"어머니가 쓰러져서 구급차를 불렀다. 지금 어디에 있니?"

니가타에 있다고 하자, "그럼 됐다. 다시 연락하마"라는 말만 남기고 전화를 끊었다.

5분쯤 지나 다시 전화가 걸려왔다.

"나카야마 선생님이세요? ○○병원 심장혈관외과 ○○입니다."

내가 의사라는 말을 들었는지, 그는 곧바로 전문 용어로 어머니의 상태를 설명하기 시작했다.

어머니는 대동맥 박리, 그것도 가장 치명적인 스탠포드 A형이라고 했다. 그 말을 듣는 순간, 온몸에서 힘이 빠져나가며 혈압이 내려가는 게 느껴졌다. 나는 분위기를 깨뜨리지 않으려 애써 웃으며 자리로 돌아왔다. 그리고 다음 날 아침 6시, 신칸센을 타고 병원으로 향했다. 어머니는 응급수술을 받았고, 한때는 정말 위태로운 상태까지 갔지만, 1주일 뒤 재수술을 받아 가까스로 목숨을 건졌다. 하지만 무려 한 달 동안이나 중환자실에서 치료를 받아야 했다.

일과 육아 틈틈이 병문안을 갔다. 중환자실 환자들을 돌보는 의사이다 보니, 어머니의 병상에 서기만 해도 단번에 상태를 파악할 수 있었다. 솔직히 처음 2주는 언제 급변해 숨을 거둬도 이상하지 않을 정도였다. 하지만 그런 말은 가족에게 차마 할 수 없었다.

어머니는 지극히 건강한 사람이었다. 지병도 거의 없었다. 매일같이 그림과 서예에 몰두하며 제2의 청춘을 구가하던 70대였다. 대동맥 박리는 보통 고혈압이나 당뇨병, 흡연자, 고령자처럼 혈관이 약한 사람에게 많이 생기는 병이다. 그런 병이 어머니에게 생기다니, 놀라지 않을 수 없었다.

인간의 생명이란 참으로 연약하고 덧없다. 언제, 어떤 일이 일어나 나의, 혹은 당신의 삶이 끝날지 아무도 알 수 없다. 유리컵처럼 한 번 떨어뜨리면 산산이 부서져 버리는 것이다.

의사로서 18년 동안 200명 넘는 환자를 떠나보낸 나는, 육친이 죽음에 맞닥뜨린 그날, 생명이 얼마나 덧없는지를 다시 한번 절감했다.

그리고 나 역시 언제 삶이 끝날지 모른다는 사실을 가슴 깊이 새겼다.

나에겐 두 아들이 있다. 지금 세 살과 한 살이다.

지금은 이 아이들이 무사히 살아가도록 지키고, 먹이고, 어떻게든 키워내는 것만으로도 벅차다. 교육까지 생각할 여유는 거의 없다. 생존을 위해, 삶을 이어가기 위해 나도 아내도 겨우겨우 버텨내는 중이다.

부모가 해줄 수 있는 일이라 봤자, 결국 아이가 홀로 설 때까지 어떻게든 살아가게 돕고, 먹여 살리는 정도에 불과하다. "훌륭한 어른으로 자라렴", "세상에 조금이라도 도움이 되는 사람이 되면 좋겠다" 같은 말들도, 내게는 왠지 거창하고 어쩐지 오만하게 들릴 뿐이다.

그래도, 하나만큼은 내 작은 바람을 꼭 말하고 싶다. 이 거짓과 기만으로 가득 찬 세상, 한 치 앞도 보이지 않는 시대를 헤쳐나가려는 아이들에게 보잘것없는 아빠가 빠졌던 '함정'을 알려주고 싶다. 그때 어떻게 했더라면 조금은 나았을지, 그 이야기를 들려주고 싶다.

무겁고 좀처럼 열릴 것 같지 않은 문이 있다. 그 문을 여는 열쇠는 대체 어디에 있는 걸까.

좀 더 구체적으로 말하자면 이런 질문들이다.

"열심히 하면 정말 보상받을 수 있을까?"

"대단한 사람들은 도대체 어떻게 그렇게 대단해진 걸까?"

"싫은 사람을 만나도 참고 버티는 게 맞는 걸까?"

나는 이런 질문에 답해주고 싶다.

아픔을 느끼지 않으면 배울 수 없는 것들이 있다. 나는 그것을 부정하지 않으며, 내 아들들도 아픔과 함께 배울 수밖에 없다고 생각한다. 이 책에는 그런 아픔을 피하는 법은 따로 쓰지 않았다. 하지만 아픔이 너무 크면 다시 일어서기 어려운 일도 있고, 한 번 무너지면 돌이킬 수 없는 일도 세상에는 많다. 그런 순간에 어떻게 대처해야 하는지, 내가 아는 범위 내에서 최선을 다해 썼다.

바쁜 일상 속에서 그런 이야기를 아이들에게 직접 전하기란 쉽지 않다. 더구나 사춘기에는 부모나 교사의 말이 전혀 마음에 와닿지 않는다. 하지만 낯선 사람, 괜히 고생했다며 목소리를 높이는 어느 외과 의사의 이야기는 귀 기울여 들을지도 모른다. 그래서 그냥 아무 말 없이 이 책을 아이 방에 살짝 놓아두는 것도 좋을 것이다.

또 하나, 모처럼 이 책을 손에 든 독자 여러분에게 솔직히 말해두고 싶다. 이 책이 어떻게 만들어졌는지, 그 뒷이야기다.

처음엔 남일본신문에 매달 한 번씩 연재하던 에세이를 어떻게 책으로 엮을지 고민하면서 시작됐다.

에세이를 연재하는 일은 정말 즐거웠다. 요코하마에서 자란, 금발에 피어싱을 하고 담배를 피우던 스무 살의 삐딱한 청년이 혼자 가고시마로 내려간다. 그곳이 마음에 들지 않아 친구 하나 사귀지 못한 채 고군분투하다가, 결국 의사가 되기까지의 이야기다.

연애 문제로 예의를 지키지 못해 친구들 사이에서 소외되었던 이야기, 자존심 때문에 나이 어린 선배에게 존댓말을 쓰지 못했던 이야기, 의사 국가시험 때 앞사람의 답안이 보여서 커닝을 할까 고민했던 이야기 등, 모두 실제로 있었던 일을 썼다.

책 한 권을 내려면 보통 12만 자 정도의 분량이 필요한데, 연재했던 에세이를 모두 합쳐도 6만 자 남짓에 불과했다. 이대로는 출판이 어려워, 내용을 더 보완해야 했다.

나는 이 에세이 원고를 어느 출판사에서 내면 좋을지 생각해 봤다. 자화자찬처럼 들릴 수 있겠지만, 작가로서 어느 정도 이름도 알려졌고, 이 책에 실린 글 하나는 『베스트 에세이 2023』에 선정되었으니, 어느 정도는 팔릴 책이 될 거라고 믿었다.

그때 문득 떠오른 사람이 있었다. 출판 불황의 한가운데서, 말 그대로 경쟁이 치열한 '레드오션'에 맨몸으로 뛰어들어 혼자 출판사를 차린 무모한 남자, 사카구치 소이치 씨였다. 그는 겉으로 보기에는 그런 일을 할 것 같지 않은 사람이었다. 무리수를 둘 유형도 아니었고, 기세등등한 분위기와도 거리가 멀었다. 하지만 그는 이전에 근무하던 출판사에서 『의사의 속마음』 시리즈를 맡아 15만 부가 넘는 베스트셀러로 이끈 편집자였다. 기획을 제안한 것도, 내용을 다듬고 판매를 끌어올린 것도 모두 그였다. 『의사의 속마음』 덕분에 나는 글을 쓰는 사람으로서 어느 정도의 입지를 다질 수 있었다.

나는 사카구치 씨를 좋아했다. 그래서 그에게 『의사의 속마음』에 대한 보답을 하고 싶었고, 출판 불황의 거센 파도 속에서 그가 고전하는 모습을 보고 싶지 않았다. 어쩌면 건방진 생각일지 모르지만, 그런 마음이 불쑥 고개를 들었다.

물론, 나와 깊은 신뢰를 쌓아 온 그라면 '유명인도 아닌 나카야마의 자전적 에세이'라는 다소 까다로운 소재도 능숙하게 다듬어 멋지게 완성해 줄 거라는 기대도 있었다.

자녀 교육을 위해 가루이자와로 이주한 사카구치 씨는 여러 차례 가나가와까지 나를 찾아왔고, 그때마다 책에 대해 깊이 있는 이야기를 나누었다. 때로는 후지사와역에서 가마쿠라역까지 에노시마 전철을 타고, 바다를 바라보며 의견을 주고받기도 했다.

그때 나온 이야기가 바로 '서로의 아이들에게 읽히고 싶은 책을 만들자'는 것이었다.

그 콘셉트에는 마음 깊이 공감했지만, 한편으로 우려되는 점도 있었다. 자전적인 이야기에 아이에게 보내는 편지까지 더한, 지나치게 자기 이야기로 가득한 책은 자칫 자기 자랑으로 비칠 수 있다. 또 "나는 이렇게 해서 잘됐으니 너도 그렇게 해봐!" 식의 얄팍한 성공담으로 흐를 위험도 있었다. 나는 그런 책만큼은 만들고 싶지 않았다. 자기만족에 머문 글을 세상에 내놓고 싶지는 않았다.

내 자의식을 걷어내는 일, 그리고 내 경험에서 나온 교훈을 누구나 공감할 수 있는 이야기로 풀어내는 일. 이 두 가지가 이 책을 만드는 데 있어 가장 큰 난관이었다.

그 벽을 넘을 수 있었던 건, 사카구치 씨의 도움은 물론, 출간 1년 전 크라우드 펀딩을 통해 이 책에 마음을 모아준 후원자들 덕분이었다. 나는 원고 전부를 후원자 전용 비공개 페이스북에 올려, 다양한 피드백을 받을 수 있었다.

그 과정에서 사카구치 씨와 나는 여러 차례 원고를 고치며, 과도한 자의식을 줄이고 내 경험에서 얻은 교훈을 누구나 공감할 수 있도록 일반화하는 작업에 집중했다. 미리 독자들의 의견을 반영하는 게 마치 커닝하는 것처럼 느껴졌지만, 그보다 더 감사한 일은 없었다. 책의 완성도가 눈에 띄게 높아지는 것을 분명히 느꼈다.

이 책과 같은 책은 다시는 만들 수 없을 거라고 나는 생각한다. 이 책을 만드는 데 조언과 도움을 준 모든 분께 진심으로 감사드린다. 그리고 연재 기회를 준 남일본신문 관계자 여러분, 매달 한 편의 에세이를 애정 어린 시선으로 읽어 준 가고시마의 독자 여러분께도 감사의 마음을 전한다. 사카구치 씨에게는 이렇게 말하고 싶다. 이번에도 정말 즐거웠다고. 이런 책은 다시는 만들 수 없겠지만, 그래도 언젠가 또 한번 함께하고 싶다고. 풀타임으로 일하면서 육아와 가사, 간병을 묵묵히 해내고, 남편의 푸념까지 말없이 들어준 아내에게는 고마운 마음을 담은 꽃다발을 바치고 싶다.

2024년 5월 23일
치가사키역 앞 스타벅스에서

—

《남일본신문》 '아침 문고'(2020년 5월~2024년 3월)를
단행본으로 만들면서 대폭 수정 보완했습니다.

✦

지은이 **나카야마 유지로**(中山祐次郎)

외과 의사, 작가. 1980년 가나가와현에서 태어났다. 세이코가쿠인 중학교·고등학교를
졸업한 후 삼수 끝에 가고시마대학 의학부에 입학했다. 졸업 후에는 암·감염증 센터 도
쿄도립 고마고메병원에서 수련했으며, 같은 병원 대장외과 의사로 10년간 근무했다.
2017년 2월부터 3월까지 후쿠시마현 다카노병원 원장으로 근무한 뒤, 후쿠시마현 고리
야마시 종합남동부병원 외과 의사로 근무했다. 2018년 4월 교토대학 대학원 의학연구과
에서 우수상을 수상하고 공중위생학 석사 학위를 받았다. 2021년 10월부터는 가나가와
현에 위치한 쇼난동부종합병원 외과에서 근무 중이며, 2023년 후쿠시마현립 의과대학
에서 의학 박사 학위를 받았다.
참여 수술 건수는 한 해 약 200건, 지금까지 2,000건 이상의 수술을 집도했다. 전문은 대
장암이나 서혜부 수술 치료, 외과 교육, 감염 관리 등이다. 외과 전문의, 소화기외과 전문
의, 암 치료 인정의, 내시경외과기술 인정의, 임상연수 지도의, 감염관리 의사, 로봇외과
학회 인정 로보닥(RoboDoc), 로봇수술 프록터(감독관) 등의 자격을 갖고 있다.
저서로는 시리즈 누계 70만 부를 돌파한 베스트셀러로 TV 드라마로도 제작된 소설『울
지마 인턴』(겐토샤), 15만 부 이상 판매된『의사의 속마음』(SB크리에이티브) 외에『우리
는 신이 아니다』(신초문고),『행복한 죽음을 위해 당신에게 꼭 전하고 싶은 말』(겐토샤)
등이 있으며, 그 외 수술 교과서『라파 S』(메디컬뷰),『다빈치 도입 완전 매뉴얼』(메디컬
뷰)과 간호학 교과서『별다른 수고 없이 할 수 있는 간호 실습 책 즈보칸』등이 있다.
두 자녀의 아버지다.

✦

옮긴이 **김선숙**

대학에서 일문학을, 대학원에서 경제학을 공부한 뒤 출판사에서 오랫동안 편집자로 일
했다. 지금은 그동안 쌓은 경험을 바탕으로 출판기획자로 활동하면서, 삶을 변화시키고
새로운 세상을 열어주는 책을 찾아 우리말로 옮기고 있다.
옮긴 책으로는『파리의 하늘 아래, 아들과 함께 3000일』,『시간 낭비를 확 줄여주는 초효
율 공부법』,『자신을 컨트롤하는 초집중력』,『싸우는 식물』,『과학의 대이론』,『IT 용어 도
감』,『통계학 도감』,『식품 보존 방법』,『수수께끼가 있는 아침 식사』,『심리학 도감』,『잠
못들 정도로 재미있는 이야기-뇌』등이 있다.

의사 아빠가 자녀에게 보내는 편지

인생의 문을 여는 열쇠

2025. 12. 31. 1판 1쇄 인쇄
2026. 1. 7. 1판 1쇄 발행

지은이 | 나카야마 유지로(中山祐次郎)
옮긴이 | 김선숙
펴낸이 | 이종춘
펴낸곳 | **BM** ㈜도서출판 **성안당**
주소 | 04032 서울시 마포구 양화로 127 첨단빌딩 3층(출판기획 R&D 센터)
10881 경기도 파주시 문발로 112 파주 출판 문화도시(제작 및 물류)
전화 | 02) 3142-0036
031) 950-6300
팩스 | 031) 955-0510
등록 | 1973. 2. 1. 제406-2005-000046호
출판사 홈페이지 | **www.cyber.co.kr**
ISBN | 978-89-315-8585-8 (03190)
정가 | **18,000원**

이 책을 만든 사람들
책임 | 최옥현
진행 | 김지민
교정·교열 | 조혜란
표지 디자인 | 김대중
본문 디자인 | 임흥순
홍보 | 김계향, 임진성, 김주승, 최정민
국제부 | 이선민, 조혜란
마케팅 | 구본철, 차정욱, 오영일, 나진호, 강호묵
마케팅 지원 | 장상범
제작 | 김유석

www.cyber.co.kr ★★★
성안당 Web 사이트